곤니찌와! 안녕하세요! 말레이시아!

곤니찌와! 안녕하세요! 말레이시아!

초판 1쇄 발행 2024년 10월 1일

지은이 이가애, 카스미
펴낸이 장길수
펴낸곳 지식과감성#
출판등록 제2012-000081호

교정 이주연
디자인 서혜인
편집 서혜인
검수 정은솔, 이현
마케팅 김윤길, 정은혜

주소 서울시 금천구 벚꽃로298 대륭포스트타워6차 1212호
전화 070-4651-3730~4
팩스 070-4325-7006
이메일 ksbookup@naver.com
홈페이지 www.knsbookup.com

ISBN 979-11-392-2139-8(03810)
값 17,000원

- 이 책의 판권은 지은이에게 있습니다.
- 이 책 내용의 전부 또는 일부를 재사용하려면 반드시 지은이의 서면 동의를 받아야 합니다.
- 잘못된 책은 구입하신 곳에서 바꾸어 드립니다.

지식과감성#
홈페이지 바로가기

"우리 2월에 말레이시아로 이사 가게 되었어"

곤니찌와! 안녕하세요! 말레이시아!

이가애, 카스미 지음

Contents of the Book

Prologue: 갑자기 말레이시아에 오게 된 두 엄마의 이야기
한국 엄마 Ga-ae - 8
일본 엄마 Kasumi - 17

Chapter 1:
Desa Park City가 어디야?

1. 데사파크에 사는 한국 엄마, 일본 엄마 - 27
2. 데사파크가 아니라면? - 40
3. Landed house(주택) VS Condo(아파트) - 52
4. 이사는 힘들어! - 60

Chapter 2:
Do you want to know about living in Malaysia?

1. 덥기만 한 동남아, 말레이시아 - 77

2. Colourful Malaysia — 84
3. 말레이시아에서 영어로 말하기 — 95
4. 말레이시아의 저렴한 물가 — 100
5. 말레이시아 볼레(Malaysian Boleh) — 110
6. 말레이시아는 안전한가요? — 113
7. 아이들이 아파! — 119

Chapter 3:
Kid's life

1. 말레이시아 유학 — 125
2. 말레이시아 국제학교 — 128
3. ISP(International School Parkcity) — 137

Chapter 4:
Mum's life

1. 아이들이 학교 간 후 — 158
2. 식료품 쇼핑 — 166

3. Café Café Café(최애 카페 겸 레스토랑 7) − 175

Chapter 5:
Malaysia, paradise of traveling

1. Redang Island in 말레이시아
(말레이시아 르당섬은 꼭 가세요!) − 198
2. 호캉스와 액티비티를 원한다면 랑카위!
(말레이시아의 제주도, 랑카위에서 휴가를 즐기세요) − 209
3. 코타키나발루(노을만 있는 것은 아니랍니다) − 226
4. 먹고 마시는 클럽메드 − 246

Epilogue: 마무리하면서

Kasumi Summary − 256

Ga-ae summary − 258

Special Chapter

1. How to get & top up, where to buy Touch & Go? − 261
2. How to get the Smart Tag − 262
3. How to get the local driver license? − 264

4. How to get Kimchi? — 265

5. How to get the Japanese, Korean rice? — 266

6. How to find Japanese or Korean books? — 267

7. Malaysian cinema — 268

8. How to use the gas station? — 269

9. How to get the pork? — 270

10. Animal clinic — 271

11. Where is the hospital that can speak Korean and Japanese? — 273

12. How to call the ambulance? — 274

13. Which Visa can we get in Malaysia? — 275

14. Drinking water — 276

15. Parking — 277

16. Useful App(Food delivery) — 278

17. Useful App
(Car hailing – 카카오택시처럼 앱으로 차량을 부르는 방식) — 279

Prologue:
갑자기 말레이시아에 오게 된 두 엄마의 이야기

한국 엄마 Ga-ae

말레이시아? 거기가 어딘데?

말레이시아? 살면서 말레이시아는 단 한 번도 생각해 보지 않았던 나라였다. 태국이나 베트남처럼 관광으로 유명한 동남아 지역도 아니고 자연환경이 좋고 영어권인 캐나다나 호주도 아니고 말레이시아? 도대체 어떤 나라인데?

어느 날 말레이시아 코타키나발루에서 한국 빙수집을 운영하고 있는 남편의 지인이 갑자기 남편에게 연락을 해 왔다. **"말레이시아에서 같이 새로운 사업을 해 보는 게 어때?"**

말레이시아에서 자동차 배터리 사업을 새롭게 진행하고 있는데 남편에게 같이 해 보지 않겠냐고 제안(제안을 받아들이지는 않았지만)하기 전까지 나에게 말레이시아는 단지 트윈타워와 정글이 있는 동남아 어디쯤에 위치하고 있는 나라에 불과했다. 하지만 지인이 던진 작은 공은 잔잔하고 무료한 우리의 삶에 큰 파도를 일으켰고 우리 가족의 삶을 통째로 바꾸어 버렸다. 실제로 말레이시아로 이주한 후 우리 가족의 많은 것이 변했다. 거주 지역뿐만이 아니라 직업, 생활 방식,

사고방식과 삶의 태도 등 거의 모든 것이 변했다.

40년 가까이 서울에서 살았던 나는 당시 나의 생활이 만족스럽지 않았다. 특별히 부족할 것 없는 생활이었지만 작은 새장에 갇힌 것처럼 답답하고 무력한 생활이 지속되었다. 아침이면 허둥지둥 첫째 아이를 유치원에 맡기고 둘째 아이와 집에서 조금 놀다가 집안일하고 쇼핑하고 아이가 하원하면 아이들과 책도 읽고 놀이터도 가고 집에 와서 저녁 식사 준비를 한 후 아이들 밥을 먹이고 재우면서 하루를 보냈다. 아이들과 행복했지만 나의 마음은 계속 방황 중이었다. 앞으로 나의 삶에 대한 모습이 재미없는 드라마의 뻔한 스토리처럼 느껴졌다. 만약 남편의 지인이 말레이시아가 아닌 다른 어떤 나라에 대해 이야기를 했어도 맘이 흔들릴 수밖에 없는 상황이었다. 새로운 곳에서 나의 삶을 재설정하고 싶었다. 다시 한번 나의 인생에 대한 설렘과 희망을 느끼고 싶었다. 나에게 말레이시아는 새로운 세상이었고 도전이었으며 희망이었다. 말레이시아로의 이주는 나의 소중한 두 아이를 위해서이기도 했지만 나를 위한 결정이기도 했다.

영어영문학을 전공한 남편과 중어중문학을 전공한 나는 대학교 재학 중 각각 캐나다와 중국에서 1년 정도 어학연수를 한 경험이 있었다. 그래서인지 둘 다 외국에 나와서 거주하는 것에 대해 큰 두려움이 없었다. 두려움은커녕 오래전부터 외국에서 생활하는 것을 꿈꾸고 있었다. 특히 말레이시아는 영어와 중국어가 모두 통용이 되는 나라이기 때문에 우리 가족에게는 더할 나위 없는 최선의 선택이었다. 말레이시아로 이주하면서 수많은 예상치 못한 변화로 인해 앞이 막

막할 정도의 어려움도 있었지만(정말 무작정 말레이시아에 온 케이스) 6년째 살고 있는 지금! 우리는 우리의 무모한 도전에 만족하며 살고 있다.

말레이시아 차이나타운, 말레이시아 트윈타워 앞 분수대

말레이시아는 다양한 인종이 살고 있는 나라이다. 다양한 인종이 산다는 것은 다양한 관점과 시각이 공존하고 혼합되어 있다는 의미이다. 나는 항상 아이들이 다양한 시각을 가지고 더 큰 세상에서 살기를 바라 왔다. 사회에서 인정받는 직업을 위해 교육받는 것보다 아이가 다양한 경험을 하고 원하는 것을 스스로 결정할 수 있는 힘을 키워 주는 것이 더 중요하다고 생각한다. 원하는 것을 아이들이 스스로 결정하기 위해 자기 자신에 대해 깊이 생각할 수 있는 여유와 사고력을 키워 주고 싶었다. 무엇보다도 품위 있고 풍요로운 취향을 가진 멋진 사람으로 키우고 싶었다. 하지만 내가 살고 있는 한국에서 나는 시간에 쫓기고 다른 사람의 말에 흔들리는 부모가 될 것 같았다. 가끔 만나는 학부모들과 어떤 학원이 좋은지에 대해서만 토론하는 엄마가 되고 싶지 않았다. 이런 교육관을 가지고 있는 나를 엄마로 둔 나의 아이들은 한국에서 치열하게 공부하고 노력하는 아이들 사이에서 방향도 못 잡고 질 수밖에 없는 위치에 있었다. 이미 질 수밖에 없는 싸움이라면 당당하게 다른 길을 가자! 그래서 다양한 인종과 문화가 있는 곳, 우리는 말레이시아를 선택했다.

스타벅스 말레이시아

운명의 말레이시아

남편 지인의 제안에 나의 마음은 이미 서울을 떠나 말레이시아를 향해 날아가고 있었다. 말레이시아 여행기 책을 찾아보고(이 무지한 엄마는 말레이시아가 동말레이시아와 서말레이시아로 나뉘어 있다는 것도 처음 알았다) 온라인 한인 커뮤니티에 가입해 한 시간이 멀다 하고 들락날락거리며 이것저것 검색해 보았다. 지금은 상대적으로 말레이시아에서의 생활을 공유하는 유튜버도 많이 늘어났고 여러 가지 방법으로 다양하게 말레이시아의 생활을 엿볼 수 있지만 5~6년 전만 해도 2개의 온라인 커뮤니티와 몇 개의 블로그들만을 통해 말레이시아의 삶을 엿볼 수 있었다. 한인들이 많이 살고 있는 지역들과 국제학교, 집과 음식 그리고 생활 편의성 등을 검색해 보았지만 말레이시아를 방문해 본 적이 없던 터라 실체를 가늠하기 힘들었다.

2018년 말레이시아로 가는 비행기 안에서(에어아시아)

그리고 결국 2018년 1월 1일 한국의 파르르한 추위를 뒤로하고 우리 네 가족은 말레이시아 쿠알라룸푸르행 비행기에 몸을 실었다. 만 5살, 두 돌이 지난 아이를 이고 지고 6시간 30분의 비행 후 도착한 말레이시아는 시끄럽고(국제도시답게 너무나 다양한 언어들의 홍수) 더웠다. 나가는 게이트를 찾는 것도 쉽지 않았고 한 번도 사용해 본 적 없는 그랩 앱을 깔아 그랩을 불렀더니 30분이나 넘게 기다려야만 했다(신년을 맞아 굉장히 많은 여행객이 있는 시기였다). 응? 아이들을 데리고 30분 넘게 덥고 축축한 이곳에서 계속 기다리라고? 결국 우리는 공항에서 2~3배의 요금을 내고 공항 택시를 이용해 시내 파빌리온 근처의 레지던스에 도착했다. 그것이 우리 가족의 첫 말레이시아 방문이었다.

마트의 논할랄 코너(돼지고기와 술 판매)

우리 가족은 쿠알라룸푸르의 유명 관광지인 트윈타워와 센트럴 마켓, 바투케이브, 차이나타운 등을 관광하였고 한인들이 많이 거주하는 암팡, 몽키아라와 데사파크를 둘러보았다. 레지던스에서 하루 종일 수영도 하고 마트에 가서 여러 가지 식재료들을 구경하고 다양한 음식을 시도해 보았다. 말레이시아가 무슬림 국가이기 때문에 돼지고기를 먹을 기회가 없을 것이라고 생각했지만, 돼지고기를 파는 구역이 나누어져 있을 뿐 쉽게 구할 수 있었다.

말레이시아 트윈타워, 머물렀던 숙소의 수영장

2주간 내가 경험한 말레이시아는 인프라가 잘 갖추어진 살기 편한 나라이고 생각보다 발전되어 있으며(물론 빠른 행정 처리와 정확한 서비스는 한국을 따라올 나라가 없다) 국제적인 도시였다. 그러나 우리는 2주간의 말레이시아 탐방 후에 이주를 포기하기로 결정했다. 가장 큰 이유는 남편의 일 때문이었다. 다른 영어권 나라에 비해 비교적 한국과 가까운 위치(6시간 30분 비행)이지만 자주 왔다 갔다 하기에는 무리가 있고 일에 영향을 줄 것이라는 이유에서였다. 그렇지만 말레이시아를 알아보고 준비하는 동안 이미 우리 가족은 서울살이에 맘이 떠 버렸다. 그래서 또 몇 달을 제주도의 국제학교를 알아보고 학교 근처의 타운하우스를 보러 다녔다. 영어는 못하지만 친화력과 사근사근한 다정함을 무기로 큰딸은 제주도 국제학교에 예비 1번으로 합격하였고 많은 타운하우스 중의 몇 곳을 후보에 올려 두었다. 결국 우리 부부의 결정의 시간이 왔다.

제주도의 한 국제학교 앞에서

하지만....

6개월 후 우리 가족은 말레이시아 데사파크로 왔다. 여름 체질인 나와 궁합이 딱 맞는 쨍쨍한 햇빛과 아름다운 호수가 있고 주변의 이국적이고 멋진 산책로가 있는 곳, 너무나 아름다운 파란 하늘을 매일 바라볼 수 있는 곳, 살수록 더 좋아지는 말레이시아 데사파크로 우리는 이주를 왔다.

데사파크 첫 집의 수영장에서, 데사파크 공원에서

일본 엄마 Kasumi

"우리 2월에 말레이시아로 이사 가게 되었어."

2018년 말레이시아에서

저녁을 먹고 있는데 마치 내일 날씨에 대해 이야기하는 것처럼 일상적이고 감정 없는 태도로 남편의 입에서 흘러나온 말이었다. 무슨 이야기를 하는 것이냐고 다시 묻기 전까지 나는 남편이 외국어를 하는 것처럼 느껴졌고 도대체 무슨 영문인지 알 수 없었다. 남편은 2월부터 말레이시아 지사로 발령이 내려졌다는 이야기를 해 주었고 내 머릿속은 잠시 백지장처럼 하얘졌다.

나는 도쿄에서 350km 정도 떨어진 시골에서 태어나고 자랐다. 그곳은 높은 산으로 둘러싸여 있었고, 사방이 자연의 아름다움으로 가득 찬 곳이었다. 강은 맑고 차가웠으며, 심지어 반딧불이도 볼 수 있는 깨끗한 곳이었다. 대학을 졸업할 때까지 산 너머에는 다른 세상이 있을 것이라고 생각하며 그곳이 삶의 전부인 줄 알고 살았다.

초등학교 1학년 때 나는 엄마가 만들어 준 보송보송하고 부드러운 감촉의 원피스를 정말 좋아했다. 그때부터 나의 관심사는 오직 옷이었다. 엄마에게 재봉틀을 사용하는 법을 배우고 스스로 옷을 리폼해서 입었다. 그리고 졸업 후에 일본 의류 회사에 입사하게 되었다. 산 너머는 다른 세상이라고 믿었던 나는 도쿄라는 새로운 세상으로의 첫발을 디뎠다. 하지만 얼마 지나지 않아 결혼을 하게 되면서 회사를 그만두고 두 아이를 돌보는 데 집중하였다. 우리는 집도 장만하고 아이들 유치원도 등록하였다. 나는 집에서 가까운 공원에서 산책도 하고, 좋아하는 빵집을 가고, 가끔 나를 위해 내가 좋아하는 케이크를 사 먹고, 친구들과 만나 즐거운 시간을 보내고, 이웃들과 수다를 떨면서 소소하고 편안한 일상을 보냈다. 그곳에는 내가 좋아하는 카페와 레스토랑이 있었다. 나의 집이 있는 새로운 보금자리에서의 생활에 익숙해졌고 나의 아이들은 새로운 친구를 사귀기 시작했다. 무엇보다도 내가 사랑하는 가족과 친구들이 모두 여기 일본에 있었다!

나는 모든 것이 편안하고 익숙한 일본에서 전형적인 일본인의 삶을 살아왔다. 일본에서의 생활밖에 모르는 나였지만 그 삶은 나에게 큰 안정감을 주었다. 해외로 나가 사는 나의 모습은 정말 상상할 수 없었다. 만족스러운 지금의 환경을 바꾸고 싶지 않았다. 일본 밖을 나가 본 적이 없는 내가 말레이시아라는 낯선 곳에서의 삶을 어떻게 상상할 수 있을까? 도대체 말레이시아는 어디에 있는 거지? 열대 정글 밖에 떠오르지 않는 내 머릿속에 말레이시아가 어떤 나라인지 전혀 감도 잡을 수 없었다. 식수는 사 먹을 수 있는 건가? 수돗물은 깨끗할까? 병원은 믿을 만한가? 음식은 어때? 말레이시아 사람들은 어떨까? 바하사는 물론이고 나는 영어도 못하는데 괜찮을까? 여러 가지 생각들이 복잡하게 떠올랐고 나는 남편에게 이렇게 대답했다.

"행운을 빌어, 그리고 몸조심해."

I LOVE KL

물론 결국 나는 말레이시아에 같이 오는 것에 동의했고 지금은 아주 편안하게 잘 지내고 있다. 솔직하게 말하면 나는 지금 일본에 있을 때보다 더 편안하게 말레이시아 생활을 즐기고 있다. 수년 동안 말레이시아는 일본인들이 이주하고 싶어 하는 나라 중 상위에 링크된 나라였다. 저렴한 생활비, 안전한 환경, 다른 아세안 국가들과의 접근성, 괜찮은 수준의 의료 시설, 무엇보다도 친절한 말레이시아 사람들이 있고 영어가 공용어인 나라 말레이시아. 살다 보니 왜 이 나라가 수년째 이주하고 싶은 나라 1위를 차지하는지 이해가 갔다.

그러면 나는 왜 마음을 바꿔서 말레이시아에 오게 된 거지?

나의 남편은 영국에서 어린 시절을 보냈고, 일본으로 돌아온 후로는 도쿄에서 쭉 생활하였다. 대학교 졸업 후에도 회사에서 국제 업무를 보며 계속 주기적으로 외국을 다녔다. 그는 나와는 전혀 다른 삶을 살아온 사람이었고 내가 모르는 다양한 경험을 해 왔다. 그런 그가 말레이시아 이주를 이야기하면서 "아이들이 해외 생활을 경험할 수 있는 좋은 기회"라며 나에게 마법의 주문을 걸었다. 그는 계속해서 자신의 경험을 바탕으로 아이들이 해외에서 시간을 보내면 얻게 될 모든 혜택을 설명했다. 아이들을 위한 결정! 나는 항상 아이들에게 더 많은 기회를 주고 가능한 한 많은 경험을 제공하고 싶었다. 내가 어렸을 때 경험하지 못했던 많은 것들을 아이들에게 해 주고 싶었다. 그래서 일본에서의 만족스러운 나의 생활을 포기하고 나의 아이들의 더 밝은 미래를 위해 말레이시아에서 나의 시간을 조금 희생하기로 마음먹었다(물론 지금은 말레이시아에서 사는 것이 더욱 만족스럽다고 자신 있게 말할 수 있다).

안녕! 일본 가족과 친구들   텅 빈 일본 집

우리는 2018년 1월 이주하기 전에 가족들과 함께 집과 학교를 결정하기 위해 말레이시아에 방문했다.

공항에서 나오자마자 습하고 뜨거운 공기가 나를 감싸는 것을 느꼈다. 도쿄의 여름도 덥고 습하지만 그것과는 완전히 달랐다. 공항에서 호텔로 가는 고속 도로에 줄지어 있는 열대 나무들이 눈길을 끌었다. '완전히 일본과는 달라!'

몽키아라 콘도 앞거리

우리는 많은 일본인이 거주하고 있는 몽키아라라는 지역을 알아보았다. 유치원도 찾고 있었는데 새로 지어진 콘도에 있는 괜찮은 유치원을 발견했다. 그 콘도에는 카페, 많은 레스토랑, 약국, 마사지 숍 등이 있어서 매우 편리해 보였다. 또한 일본 제품을 파는 쇼핑센터가 걸어서 5분 거리에 있었다. 그래서 우리는 몽키아라에 있는 콘도를 선택했고 나는 매우 만족했다.

몽키아라 집의 1층에 있던 Tea live, 유치원 찾기

사전 방문 후에 이주를 준비할 수 있는 시간이 몇 주밖에 없었다. 비자 업무를 끝내고, 항공으로 모든 짐을 보낸 후 일본을 떠나는 마지막 날 한동안 제대로 된 초밥을 먹지 못할 줄 알고 마지막 만찬으로 초밥을 먹었다(그 당시에 나는 우리가 번듯한 초밥을 KL의 일본 마트에서 합리적인 가격으로 구매할 수 있는 줄은 몰랐다).

2018년 2월에 말레이시아에 왔을 때, 우리는 첫 일주일을 호텔에서 보냈다. 나는 호텔 직원들의 친절함에 큰 감명을 받았다. 아이들이 울면서 시끄럽게 할 때 스태프들이 웃는 얼굴로 다가와 아이들을 웃게 만들어 주었다. 심지어 안아 주거나 껴안고 들어 올리는 것에 스스럼이 없었다. 처음 본 사람이라도 친구처럼 친근하게 와서 대화를 하였다. 이것은 일본에서는 거의 볼 수 없는 광경이었다. 도쿄의 어느 도시를 가던 사람들은 절대로 아무 이유 없이 다가와 안녕하고 인사하지 않는다. 하지만 여기, 말레이시아는 사람들이 당신에게 다가

와 말을 걸고 눈이 마주치면 웃음으로 화답한다. 말레이시아 호텔에서의 시간은 다른 환경으로 이사 오는 과정에서 스트레스를 받던 나를 안심시켰다.

몽키아라에 위치한 첫 보금자리, 몽키아라 첫 집에 있던 수영장

일주일 후 우리는 호텔을 떠나 우리의 새로운 보금자리로 향했다. 그때까지 우리의 아름다운 삶이 여기에서 시작될 것이라고 생각했다. 하지만… 새로운 콘도의 3대 에어컨 중 2대가 작동하지 않았다. 나무

바닥에는 하자가 있었고, 벽 페인트는 더러웠으며, 욕조는 물이 샜고, 샤워실 중 한 곳의 배수 시설이 불완전해서 악취가 났다. 우리는 몇 달을 시설 수리하는 데 보내야만 했다. 그리고 말레이시아는 새로 지은 콘도의 집주인이 세입자에게 먼저 임대해 준 뒤 집에 하자가 있는지 파악하고 보험에 가입해 수리를 해 준다는 사실을 알게 되었다.

말레이시아 첫집 바닥공사

우리가 이사 온 집의 가장 큰 문제는 안방 배수구에서 물이 새는 것이었다. 온수난방장치의 문제로 벽과 바닥에 온통 곰팡이가 피었다. 결국 온수기 수리 기사와 바닥 나무 교체 기사가 와서 보수 공사를 했고 남은 것은 안방에 가득 찬 먼지였다. 그들이 할 일은 보수 공사였지 뒷정리를 해 주는 것은 아니었다. 우리는 또 한 번 청소 회사에 전화를 해야만 했다.

여러 가지 위기와 새로운 도전의 과정들과 함께, 이렇게 우리의 말레이시아 생활이 시작되었다.

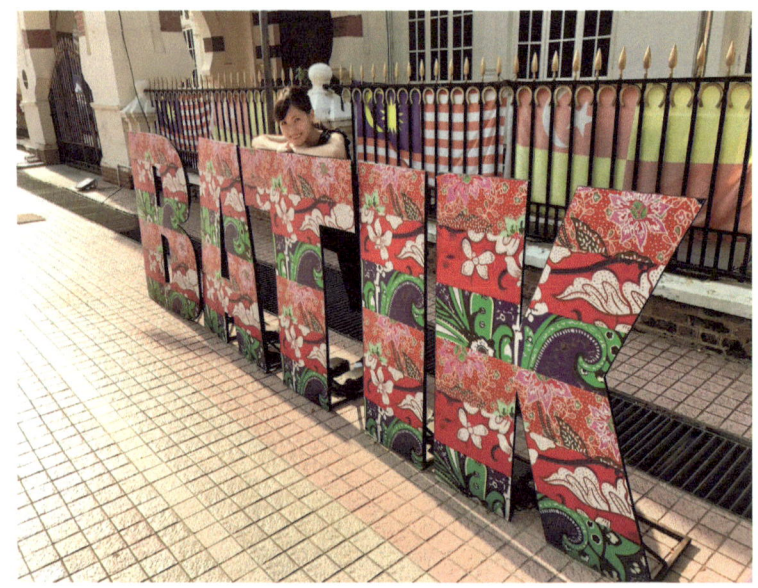

바틱

Chapter 1:
Desa Park City가 어디야?

1. 데사파크에 사는 한국 엄마, 일본 엄마

데사파크로 들어가는 입구

Kasumi(이하 K): 우리는 KL 중심에서 30분 정도 떨어져 있는 Desa Park City(데사파크) 지역에 살고 있어. 데사파크 진입로에는 가드하우스가 있고 경비원들이 언제나 항상 지키고 서 있어. 그리고 데사파크의 중앙에는 큰 공원이 있는데 항상 푸르름이 가득할 뿐만 아니라 말레이시아에서 보기 드문 강아지 친화적인 공원이야. 가애는 왜 데사파크를 선택했어?

데사파크 클럽하우스

Ga-ae(이하 G): 처음에 말레이시아에 답사를 왔을 때 데사파크를 방문했고 그때 굉장히 안전하고 잘 정리되어 있는 곳이라는 느낌을 받았어. 우선 데사파크로 진입하는 길이 두 곳밖에 없고, 카스미가 말한 것처럼 두 곳 모두 가드하우스가 있어서 안심이 되었지. 도로도 잘 정비되어 있고 깨끗했어. 그리고 카스미도 알다시피 우리 가족에게 나이가 많은 중형견이 있어서 데사파크가 딱 마음에 들었어. 카스미는 Mont Kiara(몽키아라)에서 이사를 왔잖아? 이사를 오게 된 이유는 뭐야?

K: 우리는 처음에 많은 일본인들이 거주하는 지역을 찾아서 몽키아라를 선택했어. 걸어 다닐 수 있는 거리에 많은 쇼핑몰이 있어서 차가 필요하지 않고 근처에 많은 커피숍과 식당이 있는 곳이지. 그리고 그때 우리 아이들이 영어를 할 수 없었기 때문에 많은 친구들이 있는 규모가 큰 국제학교를 보내기 전, 학생 수

공원 곳곳에 있는 쓰레기통

가 적고 선생님들이 아이들을 잘 돌봐 주는 유치원을 찾았었어. 결과적으로 몽키아라에 좋은 유치원을 찾아서 아이들을 보냈고 6개월 만에 영어를 알아들을 수 있게 되어서 계획대로 ISP로 학교를 옮길 수 있었지. 몽키아라에서 데사파크에 있는 학교까지 아이들을 데려다주고 데리고 오는 과정이 불편하고, 또 대부분의 친구들이 데사파크에 살고 있기 때문에 친구들과 플레이데이트(Playdate)를 잡는 것이 어려워서 여기로 이사를 오게 되었지. 그리고 이곳으로 이사 온 것이 매우 좋은 선택이었다고 생각하고 있어. 가애는 데사파크에서 사는 것이 어때?

Arkadia 쇼핑몰

Waterfront 앞에서

G: 몽키아라 역시 많은 Expat(외국에 사는 사람)들이 거주하는 지역이지. 어디를 가나 한국 레스토랑과 마트가 있고 한국식 학원도 많기 때문에 많은 한국 사람들이 거주하고 있는 곳이야. Expat들이 해외로 나와 살 때 각자에게 중요한 것들이 있잖아. 우리 가족의 경우는 학교를 다녀야 하는 아이 둘이 있는데 내가 운전을 잘 못하기 때문에 거주지와 학교가 가까워야 했고 근처에 아이들과 산책할 수 있는 큰 공원이 있으면 좋겠다고 생각했어. 그리고 데사파크 안에는 쇼핑몰(Arkadia, Waterfront)이 두 개가 있기 때문에 생활을 하는 데 불편함이 없고, Park City 종합병원도 있으니 우리 가족이 사는 데에는 안성맞춤이었지. 그리고 정말 다양한 인종이 모여 살고 있다는 것도 큰 장점이라고 생각했어.

K: 이곳은 말레이시아인뿐만 아니라 각기 다른 나라에서 온 많은 외국인이 거주하고 있고 일본인은 많지 않기 때문에 자연스럽게 일본 친구들과 어울릴 기회가 적어서 나의 영어 실력이 약간 올라가는 데 도움이 되었어. 또 데사파크에 온 2018년보다 Akadia(아카디아)와 Waterfront(워터프론트) 쇼핑몰에 새로운 숍들이 생겨나서 더욱더 살기가 편해졌어.

워터프론트 레스토랑들

포장도로와 도보가 잘 정비되어 있어서 산책하기도 좋고 안전하지.

이국적인 산책로의 워터프론트

근처에 펫 숍도 있고 공원에서 강아지와 산책할 수 있기 때문에 강아지와 함께 살기에 가장 적당한 곳이라고 느껴져. 사실 우리 가족은 데사파크로 이사 온 후에 강아지를 입양했는데 데사파크에서 강아지를 키우면서 편리하고 편안하다고 느껴져. 사람들 또한 매우 친절해. 강아지와 산책할 때 대부분의 사람들이 강아지를 예뻐하고 "안녕" 하며 인사하지.

아카디아 분수

아카디아 놀이터, 워터프론트에서 개 산책

G: 데사파크에는 개와 함께 살아가는 가족들이 많아. 우리 집 강아지 콰이와 산책을 나가면 강아지와 산책을 하고 있는 많은 가족을 만날 수 있고 그들과 자연스럽게 대화할 기회가 생기는 것도 재미있는 일이지.

그리고 가끔 친구들과 아카디아와 워터프론트의 카페에 가서 이야기를 하는 것도 즐거운 일 중의 하나야. 나는 워터프론트에 KENNY HiLLS BAKERS이라는 카페를 좋아해. 빵을 사랑하는 빵순이인 나에게 파라다이스 같은 곳이지. 하하. 우리 아이들은 Boost(과일주스 가게)를 가장 좋아해. 카스미는 데사파크에서 어디를 좋아해?

데사파크 공원에서 쉬고 있는 러피와 콰이

K: 나 역시 빵을 너무나 좋아하지. 그래서 나는 KENNY HiLLS BAKERS에 가서 크루아상을 자주 사곤 해. V88은 우리 강아지 러피가 가장 좋아하는 카페야. 모든 좌석이 야외에 있고 강아지 입장이 허용되며, 카페 직원들도 친절해서 오전 산책 후 러피는 V88에서 휴식을 취하곤 해. 그리고 나는 나의 아이들과 함께 과일주스를 사러 Vitamin Factory에 자주 가. 원하는 과일들을 선택하면 그 자리에서 섞어서 과일을 갈아 주는 곳이야. 그리고 강아지와 함께 가면 할인도 받을 수 있어. (또한 우리가 같이 갔던 아카디아에 있는 Staple Eats 식당도 편안한 분위기 때문에 좋아해. 폐업한 가게) 데사파크는 항상 푸릇푸릇하고 내가 좋아하는 것이 많은 장소야. 아! 하이킹 코스도 꼭 언급해야 할 부분이지.

Pet- friendly 식당이 많은 데사파크

아카디아 놀이터, 워터프론트에서 개 산책

G: 나는 Vitamin factory의 사과당근주스를 좋아해. 원하는 과일을 여러 가지 섞어서 주문할 수 있는데 가격도 5링깃(1,500원)에서 10링깃(3,000원) 정도로 저렴하지! 그리고 데사파크에서 즐길 수 있는 하이킹도 빼놓을 수 없지. 우리가 살고 있는 곳의 뒤쪽으로 올라가면 Sri Bintang Hill 하이킹 코스가 있어서 우리 가족은 이 주에 한 번 정도 하이킹을 가. 하이킹으로 데사파크에서 몽키아라까지 갈 수 있는 코스가 있는데 아직 몽키아라로 넘어가 보진 않았어.

아이들과 함께 같이 가면 2시간 정도 걸리는 코스로 하이킹을 하는데 이제는 아이들이 더 빠르게 산을 탈 정도로 즐기고 있어. 카스미 가족과도 몇 번 하이킹을 같이 했었지. 다음에 또 같이 가자! 그리고 데사파크 안에 학교가 있다는 것도 너무 큰 장점이야. 아이들을 학교에 데려다주고 데리고 오는 것이 편하기도 하고 안전하지. 그렇지 않아?

데사파크에서 등산하기, 산에서 그네타기

K: 가애의 아이들은 산을 꽤 잘 타지. 우리 아이들은 등산을 가기 싫어하지만 만약 가애의 가족과 같이 간다면 가고 싶다고 말해. 곧 다시 한번 가자! 나의 아들이 산 정상 쪽 나무에 매달려 있는 그네를 한

번 타 본다면 좋을 것 같아. 산에서 만나는 사람들은 항상 친절하게 아이들을 배려해 주지.

그리고 가애가 말한 대로 학교가 근처에 있어서 아주 편리해. 또한 데사파크에는 과속방지턱이 굉장히 많아 차량 속도를 제한해서 안전하고, 도보, 자전거, 전동 스쿠터로 등하교할 수 있어. 아침은 선선하기 때문에 아침 산책은 상쾌하고 기분이 좋아. 그렇지?

학교 가는 길

G: 응. 우리는 걸어서 아이들을 학교에 데려다주는데 시원한 아침에 가족 모두 같이 학교까지 걸어가는 시간이 참 좋아. 학교에 데려다주는 많은 다른 학부모들과 인사를 나누고 돌아오는 길은 참 상쾌하지. 데사파크 안에는 10개 정도의 유치원과 단 1개의 국제학교가 있어. 만약에 단 하나 있는 국제학교가 맘에 들지 않았다면 아무리 가까워

도 보내지 않았을 거야. 물론 문화 차이로 인해 가끔 이해가 안 되는 경우도 있지만 대체적으로 데사파크의 ISP에 만족하고 있어. 운동이나 여러 가지 활동을 중요시한다는 점과 이벤트가 많다는 점, 그리고 다양한 인종의 학생이 다닌다는 점 등 많은 장점이 있지. 무엇보다도 아이들이 학교 가는 것을 너무 좋아한다는 것!

웨스트 파크에서 놀고 있는 아이들

K: ISP 학교는 깨끗하고 밝고 행복한 분위기가 돌아. 이렇게 멋진 학교가 집 주변에 있다는 것이 행운이라고 생각해. 그리고 데사파크 주변에 Kepong과 Menjalara와 같은 로컬 지역이 있어서 로컬 음식을 즐길 수도 있어. 데사파크 병원 옆에 있는 Sri Bintang이라고 불리는 곳은 우리의 남편들이 정말 좋아하는 곳이지. 그들은 저녁거리를 사러 가서 자주 마주치곤 하잖아. 하하.

워터프론트 연말 조명 장식, 크리스마스 장식이 있는 워터프론트

G: 데사파크 바로 근처에 로컬 지역이 있어서 맛있는 로컬 음식을 쉽게 접할 수 있다는 것도 하나의 큰 장점이야. 그리고 위에서도 말했지만 데사파크의 큰 공원은 많은 사람을 데사파크로 이끄는 가장 큰 요인이라고 생각해. 데사파크 가운데 큰 호수가 자리 잡고 있고 그 주변에 산책로가 있잖아. 아침저녁으로 산책하는 사람과 운동하는 사람으로 가득해. 데사파크는 건강한 도시야!

워터프론트, 워터프론트 꽃

2. 데사파크가 아니라면?

K: 가애! 데사파크는 우리가 행복하게 살아가고 있는 멋진 장소이지만 만약에 다른 곳에 살아야 한다면 어느 지역에서 살았을 것 같아?

몽키아라 163 Mall

G: 데사파크가 아니라면 몽키아라를 선택했을 것 같아. 몽키아라는 163 Mall와 1 Montkiara 등의 큰 쇼핑센터도 많이 있고 한인 마트(3개 이상)나 식당, 한국식 학원들이 많아서 한국인들이 살기에 아주 편리해. 영어 캠프를 하는 학원이 많기 때문에 말레이시아 한 달 살기를 하러 오는 대부분의 한국 가족들은 몽키아라에 머물지. 그래서 한국의 방학 시즌만 되면 많은 한국인들을 몽키아라에서 볼 수 있어.

지난주에(2024년 7월) 살 것이 있어서 몽키아라 163 Mall에 갔다가 여기가 한국인가 하는 생각마저 들었다니까!

처음에 한국에서 말레이시아 이주를 고려할 때 생각해 본 곳은 몽키아라, 암팡, 데사파크였어. 한인들이 많이 거주하는 지역이 앞의 세 지역이었기 때문에 다른 지역보다 정보가 많았거든. 한국 대사관이 있는 Ampang(암팡) 지역은 KLCC 지역과 가깝고 상당히 많은 국제학교가 있어. 또한 오래되고 맛있는 한국 식당도 많아서 암팡을 선호하는 사람들이 있어. 카스미는 오기 전에 어느 지역을 알아봤었어?

몽키아라 콘도들

K: 나 역시 몽키아라를 선택했을 거야. 데사파크에 거주하기 전에 몽키아라에서 살았고, 아이들 수업과 쇼핑을 위해 일주일에 적어도 2번 이상을 몽키아라에 가고 있어. 우리는 말레이시아에 오자마자 이미 아이들을 ISP에 보낼 생각을 했지만 처음에는 데사파크에 일본인이 적다는 점과 내가 영어를 잘 못한다는 사실 때문에 데사파크에 살 자신이 없었어. 말레이시아에 처음 왔을 때는 말레이시아의 삶에 익숙해지기 위해 많은 일본인들이 거주하는 지역에 살았는데, 지금 돌이켜 생각해 보니 아주 잘한 선택이었던 것 같아. 말레이시아와 친해지는 데에 나에게 큰 도움이 되었거든.

몽키아라 Ra-ft

지금 데사파크에서 행복하게 살 수 있는 것도 몽키아라의 많은 일본 친구들이 도움을 준 덕분이야. 우리 가족은 여전히 몽키아라에 있는 Ra-ft라는 레스토랑을 자주 방문해. 개업할 때부터 가던 곳인데 직원들과도 친분이 있어서 자주 가게 되네. 그래서 만약에 우리가 데사파크가 아닌 다른 지역을 선택한다면 확실히 몽키아라가 될 거야. 가애는 몽키아라에서 특별히 좋아하는 장소가 있어?

G: 우리 가족 역시 일주일에 2번 정도는 몽키아라로 쇼핑을 가곤 해. 1 Montkiara에 있는 한인 마트에 가서 필요한 것들을 사고 비빔밥과 돼지갈비를 먹으러 163 Mall에 있는 '청학골'에 가끔 가지. 그리고 Jaslyn cakes라는 케이크 숍에 파는 당근케이크를 좋아해. 지금

도 먹고 싶네. 현재는 데사파크의 워터프론트에도 Jaslyn cakes가 입점되어서 더 이상 몽키아라까지 가지 않아도 맛있는 케이크를 즐길 수 있지.

그리고 Damansara(다만사라)라는 지역도 빼놓을 수 없지. 우리가 자주 가는 KL에서 가장 큰 쇼핑몰인 1 Utama가 있고 IKEA 등등 대형 쇼핑몰이 많이 있을 뿐만 아니라 BSKL, St joseph's, Sri KDU 등의 국제학교와 대학들이 많이 있는 지역이지. 다만사라 지역은 Kota damansara, Ara damansara, Damansara heights(고급 주택 단지가 많은 곳), Damansara perdana, Bukit damansara 등의 지역으로 나눠지는 넓은 지역이야.

1 Utama에서 즐길 거리

1 Utama 에어라이더, 1 Utama 넥스트젠 테마 파크

1 Utama 무료 놀이터, 1 Utama 스케이트 파크

> **TIP**
>
> 1 Utama는 말레이시아에서 가장 큰 쇼핑몰이자 전 세계에서 7번째로 큰 쇼핑몰이다. 쇼핑뿐만 아니라 세계적인 체인점의 레스토랑을 즐길 수도 있고 여러 가지 체험을 할 수 있는 곳이 많다. 말레이시아는 다양한 인종만큼 다양한 명절이 있는데 각 명절 때마다 화려하게 장식해 놓은 쇼핑몰을 구경하는 것도 큰 재미 중의 하나다.

K: 다만사라 지구는 말레이시아에서 가장 인구 밀도가 높은 지역이라고 해. 그래서인지 관광 명소와 놀이 장소가 잘 갖추어져 있어. 특히 Ara damansara(아라 다만사라)는 주변에 일본계 기업들이 많고 골프장이나 쇼핑몰, 일본인 학교도 가까워서 일본인들이 살기에 좋은 지역이야.

G: 만약에 가족 단위가 아닌 솔로라면 Bangsar(방사) 지역도 아주 좋은 선택일 것이라고 생각해. 언덕으로 이루어진 방사 지역은 외국인이 많이 모여 사는 곳 중의 한 지역으로 도심에 근접한 지역이면서 좋은 쇼핑몰도 많고 노천카페나 바가 많아서 솔로들이 선호하는 지역이야.

방사 빌리지 쇼핑몰 안의 좋아하는 숍과 거리

K: 응, 가애네 가족이 데리고 가 준 방사의 The Sphere 쇼핑몰에 있는 식당은 정말 멋진 곳이었어. 쇼핑몰 가운데에 큰 분수가 있고 맛집들로 둘러싸여 있어서 다시 한번 가 보고 싶다는 생각이 들었어.

나는 아이들의 옷과 인테리어 소품들을 보는 것을 좋아해서 방사 빌리지에 자주 방문했지만 The Sphere 쇼핑몰은 그때가 처음이었어. 방사에는 아늑한 카페와 점포들이 많아서 만약 아이가 없다면 나도 그곳에 살고 싶었을 것 같아. 너희 가족의 최종 명단에 있었던 암팡 지역은 어때?

G: 암팡 지역에 있는 Chalet suisse라는 스위스 레스토랑을 좋아해서 가끔 가곤해. 스위스 사람의 추천으로 가게 된 곳인데 스위스 정통 퐁뒤를 즐길 수 있는 곳이야.

스위스 음식, 스위스 음식 2, 스위스 음식점(퐁뒤)

그리고 암팡에는 세이폴 국제학교(SIS), 쿠알라룸푸르 국제학교(ISKL), 페어뷰 국제학교(FIS) 등 역사가 오래된 많은 국제학교가 있어서 여전히 많은 한국 사람들이 살고 있어. 하지만 몽키아라, 데사파크, Subang(수방) 등 지역이 개발되면서 많은 한국 사람들이 다른 지역으로 떠났고 현재는 중동 사람들이 암팡 지역으로 많이 몰려든다는 이야기를 들었어. 일본 학교가 있는 수방 지역은 어때?

수방 Oasis Square

수방 CITTA몰

K: 수방에는 일본 학교가 있고 일식 레스토랑도 많이 있기 때문에 일본인이 많이 살고 있어. 현재는 나의 아이들이 일본 학교를 다니고 있으니까 매일 아이들을 데려다주고 데리고 오라 수방으로 출퇴근을 하고 있지. 수방 옆에 있는 Bandar Sunway(반다르 선웨이) 지역에는 복합 쇼핑몰과 수영장, 레저센터, 동물원 등이 있는 Sunway Lagoon이 있어.

만약에 우리 아이들이 처음부터 일본 학교에 다녔다면, 아마 그 지역에 사는 것을 고려해 봤을 수도 있어.

썬웨이 라군

수방 공항

The Saujana hotel

G: 그렇구나. 나도 몇 번 수방 지역을 방문한 경험이 있어. 선웨이 쇼핑몰에 떡볶이를 파는 한국 마트가 있어서 몇 번 가서 먹고 왔어. 쇼핑몰과 국제학교, 놀이 시설 등이 잘 갖추어진 동네 같았어. 수방 지역 외에도 한국 국제학교가 있는 Cyberjaya(사이버자야) 등지에도 한국 사람들이 꽤 살고 있다고 들었어.
그 밖에 KL에서 차로 3시간 정도 떨어진 곳에 Johor Bahru(조호르바루)라는 곳에도 한국인이 꽤 많이 살고 있어. 카스미도 들어 본 적 있지?

K: 나에게 조호르바루는 레고랜드가 있는 장소야. 우리가 조호르바루에 갔을 때 많은 건물들이 여전히 공사 중이었고 매우 조용했어. 레고랜드 바로 옆에 있는 쇼핑몰도 꽤 한산했던 기억이 나. 새로운 콘

도들이 공사 중이고 사람도 적어서 나는 개발 중인 지역이라고 생각했어. 그런데 나중에 검색해 보니 일본 학교도 있고 많은 일본인들이 살고 있다는 것을 알게 되었어. 가애는 조호르바루에 대한 인상이 어때?

G: 그래, 조호르바루의 대표적인 곳이 레고랜드지. 조호르바루는 싱가포르와 매우 가까운 신도시인데 계속 개발 중인 계획도시야. 한국인들은 대부분 어학연수나 한 달 살기로 조호르바루를 많이 가는 것 같아. 개발 중인 도시이지만 Shattucks ST mary, Marlborough college, Raffles American school 등의 명문 국제학교를 많이 유치해 놓았고 신도시이기 때문에 깨끗하고 조용해서 조호르바루를 선호하는 사람들이 있어. 다만 코로나의 영향으로 개발이 주춤해서 많은 쇼핑몰이 아직 비워져 있는 것 같아.

레고랜드

조호르바루 레고랜드 수영장

K: 만약 조호르바루가 많은 국제학교 시설과 함께 더욱 개발된다면, 가족들이 거주하는 데 매력적인 도시라고 생각해. 데사파크와 몽키아라가 조금씩 혼잡해지고 있기 때문에 조용한 환경은 고려해 볼 만한 매력적인 요인이야. 지난번에는 조호르바루의 레고랜드 근처만 둘러보아서 다음에 가게 된다면 더 많은 지역을 탐방해 보면 좋을 것 같아.

3. Landed house(주택) VS Condo(아파트)

G: 말레이시아는 아파트(수영장이나 헬스장과 같은 공용 시설이 없는 곳), 콘도(한국인들이 많이 선호하는 주거 형태로 한국의 아파트와 비슷하고 각종 공용 시설을 이용할 수 있음), 링크하우스(한국의 타운하우스), 방갈로(개인 주택) 이렇게 4가지의 주거 형태가 있지. 현재 우리 가족이 살고 있는 곳은 링크하우스인데 2층 또는 3층의 집들이 줄지어 있는 형태의 하우스야.

콘도와 링크하우스의 각종 공용 시설들(수영장, 헬스장, BBQ장, 공원, 파티 룸)

콘도 헬스장

> **TIP**
>
> 대부분의 한국 사람들은 편의 시설이 좋고 벌레가 상대적으로 적은 콘도에 거주하고 있다. 링크하우스와 방갈로의 차이점은 관리 사무소의 유무이다. 링크하우스는 집들이 줄지어 있는 형태로 관리소에서 모든 시설(헬스장, 수영장, 파티 룸, 단지 내 청소 등등)을 관리해 주는 대신 관리비를 받고(집주인이 지불해야 함), 방갈로는 한국의 단독 주택처럼 모든 것을 개인이 관리해야 한다.

링크하우스

K: 우리는 2018년 말레이시아 사전 방문 시에 콘도에 살기로 결정했어. 콘도와 링크하우스 중에 고민하다가 안전성과 곤충 문제 때문에 콘도를 선택하게 되었어. 우리는 말레이시아에서 두 번 이사를 했는

데 매번 콘도를 선택했어. 가애는 왜 주택을 선택하게 된 거야?

G: 나의 경우 한국에서 내가 기억하는 인생의 전반을 아파트에서 살아온 사람으로서 주택에 대한 로망이 있었어. 그래서 결혼 후에도 주말이면 준과 함께 서울 외곽 지역의 주택을 보러 돌아다녔어. 심지어 우리가 정말 좋아했던 파주의 타운하우스는 거의 계약 전까지 갔었어. 하지만 겨울의 추위와 지하실의 곰팡이 냄새가 결국 우리의 계약을 막았지. 그래서 우리는 말레이시아로 이주를 오면서 링크하우스를 선택했고 만족하며 살고 있어.

K: 나는 정반대야. 하하. 나는 일 때문에 도쿄에 이사 오기 전까지 계속 주택에서 자라고 살아왔어. 그래서 나는 큰 콘도에 사는 것을 선호해. 하지만 말레이시아에서 두 번째 이사를 할 때 링크하우스도 고려했어. 아래층의 사람들을 신경 쓸 필요 없이 아이들과 강아지가 맘껏 뛰어다녀도 문제가 없으며, 이웃과의 좋은 관계를 맺는 것을 기대하고 링크하우스를 알아보았지. 하지만 우리가 이사를 할 당시에 우리의 마음에 드는 링크하우스가 없었어. 그래서 지금은 링크하우스에 살고 싶은 마음이 더 강해졌어. 하하. 링크하우스에 사는 장점이 무엇인지 말해 줄래?

G: 맞아. 마음에 드는 집을 찾기는 사실 매우 어려워. 우리도 마음에 드는 집이 없어서 6개월 넘게 기다린 후에야 찾을 수 있었지. 특히 아이들과 강아지가 있다면 링크하우스를 강력하게 추천해. 정원 관

콘도의 Facility는
대부분 3A에 위치해 있다.

리나 주변 집 청소를 단지 내에서 해 주기 때문에 편리하고 콘도보다 아이들이 나가서 놀 기회가 많이 생기는 것 같아. 콘도는 엘리베이터를 타고 놀이터나 수영장이 있는 층으로 내려가야 하고 엘리베이터를 이용할 때마다 전용 카드가 필요하기 때문에 아이들이 혼자 나가서 놀기가 번거롭고 위험한 부분이 있지. 그리고 나도 처음에는 모기나 벌레에 대한 두려움이 있었지만 해충 방역 서비스를 이용하고 있기 때문에 벌레로 인한 문제는 거의 없어. 하지만 만약 방역 서비스를 이용하지 않는다면 아마도 바퀴벌레나 개미의 습격이 분명히 있을 거야. 그리고 동남아에 살고 있기 때문에 게코 도마뱀은 친숙해져야 하지. 이제는 도마뱀이 귀엽게 느껴질 정도야. 하하.

K: 우리가 거주했던 콘도 세 곳 모두 도마뱀이 살고 있었어. 하하! 그리고 맞아! 말레이시아는 일본과 다르게 청소부들이 콘도나 하우스 안의 공공시설을 깨끗하게 청소해 주고 경비원들은 입구에서 항상 보초를 서고 있지. 또한 콘도의 각 층마다 분리수거장이 있고 집 문 앞에 Grilled gate가

Grilled gate

있다는 것도 일본과는 다르지. 콘도에 살면 매력적인 부분이 많은데 특히 고층에 살 경우 뷰는 정말 입이 떡 벌어질 만큼 멋지지. 그러나 30층이 넘는 고층에서도 벌레는 들어와. 하하. 우리는 고층에 살고 있는데도 불구하고 바퀴벌레, 나방, 메뚜기, 말벌, 파리를 집에서 보았어. 고층에 산다는 것이 곤충에서 멀어진다는 것을 의미하지 않아.

고층에서도 볼 수 있는 곤충

또한 층간 소음 문제는 콘도에서 항상 이슈가 되고 있지. 사람들은 SNS에 항상 위층에 동물원이 있다고 끊임없이 불평하고 있어.

콘도에서 바라보는 야경

G: 고층의 콘도에서 보는 광경은 정말 멋져. 그리고 매 층마다 쓰레기를 수거하는 곳이 있다는 것이 참 편리해. 현재 우리 가족이 살고 있는 링크하우스는 매주 수요일과 토요일에 쓰레기차가 와서 수거를 해 가거든. 예전에 살던 링크하우스의 경우는 매일매일 단지 관리원이 수거를 해 갔었어. 단지마다 룰이 조금씩 다르기 때문에 확인을 해 봐야 해. 그리고 옆집과 벽 하나로 연결되어 있기 때문에 조심해야 해. 콘도가 윗집과 아랫집의 소음을 조심해야 한다면 링크하우스는 옆집과의 소음을 조심해야 하지.

K: 그렇군. 소음 문제는 어디에서나 만날 수 있구나. 그리고 콘도에 살 경우 반려동물은 일하는 사람들이 큰 짐을 싣는 서비스 엘리베이터를 이용해야 하는데 기다리는 시간이 길기도 하고 깨끗하지 않아. 그건 좀 감수해야 할 부분이지.

엘리베이터나 공용 시설에서는 강아지 유모차 이용하기, 콘도와 링크하우스

G: 그렇지. 자신의 필요와 선호도에 따라서 집을 선택하면 될 것 같아. 어느 쪽이나 장단점이 있으니까. 그리고 링크하우스나 콘도 모두 수영장과 GYM, 놀이터와 같은 공용 시설이 있으니까 말레이시아에 살 때 이런 시설들을 충분히 이용한다면 만족스러운 생활을 할 수 있을 거야.

데사파크 파크리젠트 수영장, 콘도 놀이터

> **TIP**
>
> 말레이시아에서 집을 구매하거나 렌트를 할 때 주로 이용하는 사이트로 IProperty (.com.my)와 Propertyguru(.com.my)가 있다. 지역을 검색해서 원하는 부동산을 찾아 해당 에이전트에게 Whats App으로 연락을 취하면 된다. 영어가 부족하더라도 우리에게는 파파고가 있으니 너무 걱정하지 말 것! 또한 허위 매물도 많으니 시세보다 싼 가격은 의심하고 깐깐하게 체크해야 함.

4. 이사는 힘들어!

G: 카스미, 일본에서 말레이시아로 국제 이사 할 때의 과정이 어땠어?

일본에서 말레이시아로

K: 일본에서 말레이시아로 이사할 때, 남편의 회사에서 여러 이삿짐 회사에 문의해 견적을 받으라고 우리에게 요청했었어. 그런데 이사 비용이 너무 비싸니 비용을 절감하라는 이야기를 들었지. 그래서 어쩔 수 없이 큰 가구를 포함한 많은 짐들은 가져오는 것을 포기했어. 항공이나 선박을 이용해 짐을 보낼 수 있는데 항공을 이용할 경우 일주일 안에 물건들이 도착하지만 배로 보내는 것보다 거의 5배나 비쌌기 때문에 항공을 통해 보낼 짐과 배를 이용해 보낼 짐들을 분류하는 데 고생을 많이 했던 기억이나. 하하. 그 당시 일본에서 큰 가구들을 그냥 쓰레기통에 버릴 수 없어서 처리하는 과정이 힘들었어. 그리고 은행이나 보험, 시민권 등 등록 정보를 바꾸는 일도 힘들었지만 가장 어려웠던 부분은 내가 좋아했던 물건들을 모두 항공편으로 보낼 수 없었던 좌절감을 가라앉히는 일이었어.

남편의 회사에서 말레이시아의 새집으로 이전하기 전에 일주일간 머물 호텔을 마련해 주었는데, 호텔에서는 요리를 할 수 없고, 나의 작은 딸이 아직 2살이었기 때문에 이유식을 비롯한 아기 음식을 가득 담은 상자를 가지고 왔었어. 그런데 하필 우리는 Chinese New Year 기간에 말레이시아에 도착해서 모든 짐들이 도착하는 데 지연되었었지. 나는 말레이시아 휴일 기간이라는 것도 몰랐고 거의 일주일 동안 모든 상점이 문을 닫아서 힘들었어. 가애의 말레이시아로의 이사 과정은 어땠어?

사진으로 결정했던 말레이시아 첫 집

G: 우리도 국제 이사가 처음이어서 이것저것 신경 쓸 게 많았던 것이 기억이 나. 우리는 우리가 가지고 있는 모든 가구와 짐을 말레이시아로 옮겨 왔기 때문에 국제 해운 업체를 통해 이사 가기 3주 전에 미리 모든 짐을 말레이시아로 보냈어. 온갖 가전제품과 가구를 모두 보냈

기 때문에 그 비용만 한국 돈으로 400만 원이 넘었지. 하지만 다행히도 예정된 날짜에 도착해서 집을 정리할 수 있었어. 나 역시 필요한 짐들과 버릴 것들을 정리하느라 시간을 많이 보냈던 기억이 나네. 하하. 그 당시 우리 가족은 한국의 제주도로 이사 가려다가 갑자기 말레이시아로 이주를 결정했기 때문에 짧은 시간 안에 집과 학교 비자 등등 모든 것을 결정해야 했어. 그래서 거주할 집도 아이들은 부모님에게 잠시 맡기고 준과 나만 새벽 비행기로 말레이시아에 와서 에이전트를 통해 집을 보고, 저녁 비행기로 한국으로 돌아갔었지. 하지만 그날 마음에 드는 집을 찾지 못해서 결국엔 한국으로 돌아온 후 에이전트가 보내 준 사진을 보고 결정했다는 사실.... 게다가 우리는 한국에서 강아지를 데리고 왔기 때문에 그에 필요한 강아지 접종과 서류 준비로 굉장히 바빴어.

K: 스스로 모든 준비를 하느라 무척 힘들었겠다. 사계절이 있는 나라에서 오직 여름만 있는 나라로의 이동이 가애네 강아지에게도 아주 힘든 과정이었을 것 같아.

나의 남편도 말레이시아로 이주하기 두 달 전에 사전 조사를 왔었어. 남편 혼자서 거주할 콘도와 학교를 보고 다녔어. 그가 콘도와 학교들에 대한 엄청난 정보를 가지고 와서 우리는 사진을 보면서 최종 후보 몇 군데를 선정했지. 그리고 다시 말레이시아에 함께 와서 일주일 동안 최종 리스트에 있었던 콘도와 학교들을 돌아다녔어. 우리는 모든 준비를 잘했고 모든 것이 순조롭게 진행되고 있다고 생각했지만, 2차 조사를 마치고 일본으로 돌아온 후, 우리가 선택한 콘도 유닛을 이미 다른 세입자가 계약했다는 이야기를 들었지. 결국은 사진으로 다른 유닛을 선택할 수밖에 없었어. 하하.

G: 맞아. 털이 많고 긴 우리 강아지는 더운 나라로 이주 와서 피부병 때문에 고생을 많이 했어. 그리고 에이전트를 통해 강아지를 데리고 왔는데 한국에서 광견병과 종합 백신 접종을 완료한 후 말레이시아 계류장에서 2주간 격리를 해야 했어. 생각보다 많은 돈과 시간이 들었고 콰이도 고생을 많이 했어. 그리고 우리는 한국 해외 이

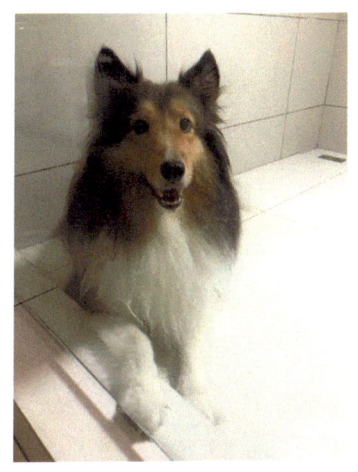

계류장에서 격리 후 집에 돌아온 콰이

사 업체를 통해 이사를 진행했는데 말레이시아 집으로 짐을 옮길 때 한국분 1명과 말레이시아 현지 일꾼 4명이 와서 집을 정리해 주었어. 하루 만에 진행이 되었는데 말레이시아 현지 이사 업체의 경우는 대체로 이틀 이상이 걸린다는 것을 현지 이사할 때 알았어. 한국에서는 있을 수 없는 일이야. 급한 한국 사람들은 대부분 이사를 반나절 만에 끝내거든.

K: 너와 콰이에게 힘든 시간이었겠다. 반려동물이 가족과 같은 대우를 받으며 입국할 수 있으면 좋을 것 같아. 그리고 일본에서도 하루 안에 이사를 끝내는 것이 일반적이야. 이사 업체의 직원들이 짐을 포

장하고, 각 상자의 내용물이 무엇인지 확인하기 위한 리스트도 만들고 물건들이 손상은 없는지 모두 확인을 하지. 상자마다 보험을 들어서 혹시라도 문제가 생기면 이사 업체에서 비용을 부담해 줘. 우리가 말레이시아에서 이삿짐을 받았을 때 일본인 직원도 함께 왔었고 그는 현지 직원에게 짐을 어디에 두는지 모두 지시를 해 주었기 때문에 반나절 만에 모든 일이 끝났었지. 그래서 나는 말레이시아의 이사 과정도 일본과 같다고 생각했는데 나중에 알고 보니 확실히 다르다는 것을 알게 되었지. 하하.

이사 과정은 순조로웠지만 우리는 이사 온 후 많은 문제를 겪었어. 우리 콘도는 새로 지어진 콘도였는데 화장실에는 누수가 있었고, 세 대의 에어컨 중 두 대는 작동을 하지 않았으며, 수돗물에서는 노란 녹물이 나오고, 마루 장판에는 페인트가 묻어 있었고, 거미들이 집 안에 가득했지. 이것은 일부일 뿐 그 밖에 훨씬 더 많은 문제들이 있었어. 가애는 이사 올 때 이런 문제들은 없었어?

한국에서 말레이시아로

G: 우리도 처음 말레이시아에 왔을 때 집을 사진으로만 보고 선택했기 때문에 약간의 문제들이 있었어. 에어컨과 세탁기가 잘 작동하지 않았었지. 그리고 소파, 의자 등의 가구가 너무 낡아서 사용하고 싶지 않았어. 하지만 다행히도 책임감이 있는 부동산 현지 에이전트를 만나서 모든 문제들이 매끄럽게 잘 흘러갔지. 좋은 에이전트를 만나는 것도 복불복이야. 문제를 해결해 주지 않고 잠수를 타거나 오직 집주인의 편의만 보고 세입자에게 많은 것을 떠넘기는 에이전트도 많아서 한국인 커뮤니티에서 잦은 불만들이 올라오곤 해. 특히 우리와 같이 현지 상황을 잘 모르는 외국인의 경우에 더 많은 준비를 하고 집을 알아봐야 하지. 카스미는 집을 구할 때 회사에서 에이전트를 소개해 준 거야?

K: 맞아. 집을 알아보기 전에 좋은 에이전트를 찾아야 해. 우리는 우리 스스로 에이전트를 찾았어. 처음에는 가능한 한 많은 유닛을 보고 싶어서 10명의 에이전트에게 유닛을 소개해 달라고 요청했어. 그 에이전트 중에 우리는 우리의 요구 사항을 충족시켜 주기 위해 노력해 준 한 명의 에이전트를 선택했지. 유닛에서 어떤 문제가 생겼을 때 우리와 계속 소통해야 하고, 집주인과 협상해야 하는 사람이기 때문에 신속하게 대응해 주는 에이전트가 필요해. 우리의 경우 우리 집에 화장실과 에어컨에 문제가 있을 때마다 에이전트가 매우 신속하게 수리 업체들과의 약속을 잡아 주었어. 하지만 문제는 수리공들이 항상 제시간에 오지 않는다는 것! (눈물) 오전 10시에 약속을 잡아서 오전 중에 그들이 온다면 아주 운이 좋은 거야. 하하. 언젠가는 화장

실 수리를 위해 일꾼들이 오기를 오전에 기다리고 있었는데 갑자기 두 명의 아주머니가 1.5m 높이의 거울을 들고 우리 집 벨을 눌렀어. 나는 우리 집의 것이 아니라고 생각해서 그들을 돌려보냈는데 알고 보니 집주인이 우리 방에 거울을 설치하기 위해 부른 것이었어. 하하. 물론 미리 상의가 된 부분이 아니었지. 그래서 에이전트뿐만 아니라 모든 상황을 유연하게 받아들여야 하고 다른 각도에서 이해할 필요가 있지.

G: 그렇지. 집에 문제가 있을 때 작업자들이 항상 제시간에 오지 않는다는 것은 꼭 유념해야 할 부분! 그래서 우리의 경우 시간을 꼭 지켜 줄 것을 끈질기게 몇 번이고 부탁하고 사정해서 지금은 조금 나아진 편이야. 하지만 정확한 시간에 맞춰 오는 것은 전혀 기대하지 않게 되었지. 하하.
그리고 카스미도 그렇고 나도 그렇고 국제 이사를 한 후 현지 이사 경험도 있잖아. 우리는 처음 집에서 2년 5개월을 거주한 뒤 그 집에서 차로 5분 떨어진 데사파크 내의 다른 집으로 이사를 했어. 우리는 한국에서 모든 가구와 전자제품을 가지고 왔기 때문에 가구가 없는 집을 찾아야만 했거든. 하지만 대부분의 렌트하는 집들은 Fully furnished라서 집을 구하기가 쉽지 않았어. 앞에서도 말했지만 6개월 넘게 기다린 후에야 집을 구할 수 있었지.
그리고 말레이시아로 국제 이사를 올 때는 나의 부모님도 같이 오셔서 짐을 정리하는 데 많은 도움을 주셨는데 이번에는 처음으로 모든 과정을 우리 가족끼리만 진행해서 조금 걱정이 되었어. 다행히 이사하는 날에 카스미가 우리 아이들을 맡아 주어서 아주 큰 도움이 되었지. (감사) 카스미는 말레이시아 안에서의 이사 과정은 어땠어?

> **TIP**
>
> Fully furnished VS Partially furnished
> Fully furnished는 모든 가구와 가전제품이 구비되어 있어서 본인 소지품만 가지고 들어갈 수 있는 집이다. 집마다 구비해 놓은 가구와 가전의 종류와 상태가 모두 다르니 직접 가서 확인해 봐야 한다.
> Partially furnished의 집들은 에어컨, 냉장고, 세탁기 등의 기본만 있는 집들로 개인 가구와 가전을 가지고 입주해야 한다.

데사파크에서의 첫 집

K: 우리는 2년 동안 몽키아라에서 살다가 데사파크로 이사했어. 당시 일본에서 말레이시아로 이사했던 것처럼 현지 스태프들에게 지시를 내리는 일본 스태프가 있는 업체를 이용했었어. 견적은 일본 이사 업체를 이용하는 것의 절반 가격이었지. 그들은 제시간에 우리 집에 와서 상자를 빠르게 트럭에 싣고 데사파크로 순조롭게 배달하여 오전 중에 이사를 끝낼 수 있었어. 그날 우리가 정리할 수 있게 방과 후 가애가 아이들을 돌봐 주어서 큰 도움이 되었어. 고마워. ^^ 우리가 데사파크로 이사할 때 처음 입주한 유닛도 새 콘도였고 초기에는 가구가 전혀 없는 빈 상태의 집이었어. 하지만 우리는 에이전트와 집주인을 만나 임대료를 조금 올리는 대신에 모든 가구가 있는 상태의 집으로 만들어 달라고 설득했어. 협상을 통해 집주인은 디자인 회사를 고용해 세련된 벽지와 멋진 가구를 놓아 주었어. 우리는 몽키아라 콘도의 도시 경치를 볼 순 없었지만, 이 유닛의 25층에서 데사파크의 파노라마 뷰를 즐길 수 있었지. 우리는 매일매일 멋진 경치를 바라볼 수 있어서 좋았어.

아이들이 좋아하던 수영장

G: 그래. 데사파크에 있는 카스미의 첫 집은 인테리어가 멋졌어. 지어진 지 얼마 되지 않은 콘도였기 때문에 집주인과 협상하여 인테리어와 가구를 새롭게 꾸밀 수 있다는 장점이 있지. 그리고 데사파크가 한눈에 다 보이는 멋진 뷰도 상당히 매력적인 집이었어. 워터파크같이 멋진 슬라이드와 물놀이 시설이 있는 수영장도 빼놓을 수 없지. 우리는 동네에서 이사했을 때 한국 업체가 아닌 현지 업체를 선택했었어. 우리가 믿는 에이전트가 추천해 준 업체였는데 이사를 하는 데 이틀 정도가 소요되었어. 첫날은 이전 집의 짐을 Packing했고 두 번째 날은 새로운 집으로 짐을 옮긴 후 배치하고 정리를 했어. 아까도 말했듯이 한국 업체들은 무조건 당일에 이사가 끝나기 때문에 현지 업체를 통해 이사할 경우는 마음을 느긋하게 생각하고 진행하는 것이 좋을 거야. 하하. 그 당시 코로나로 인해 새로 이사 가는 단지에서 주말에는 이사가 불가했고 시간도 정해져 있어서 꽤나 애를 먹었던 기억이 나. 그리고 카스미는 데사파크 안에서 두 번째 이사를 했지?

박스들

K: 맞아. 우리는 그 당시 반려견을 새 가족으로 들였기 때문에 조금 더 큰 유닛으로 이사 가고 싶어서 2년간 새로운 콘도에서 살다가 다시 이사를 결정했지. 우리가 선택한 콘도는 이전 콘도에서 도보로 5분밖에 걸리지 않는 거리에 있어. 이번에는 우리도 현지 이삿짐 업체

를 이용했는데 가격이 지난번 이사 가격의 3분의 1 수준이었어. 우리는 오전 9시에 와 줄 것으로 예약했고 전날에도 그들에게 상기시켰어. 이번이 세 번째 이사였기 때문에 모든 작업이 원활하게 진행되어 여유가 있었지. 이 전화를 받기까지 말이야. "어머나, 10시인 줄 알았어." 우리는 집 청소를 위해 10시에 청소 도우미들을 예약해 놨었고 일을 지연시키고 싶지 않아서 청소 도우미들이 계획대로 집을 청소할 수 있게 남편이 모든 상자를 복도 밖으로 옮겼어. 이삿짐 업체는 늦게 도착해서 모든 짐들을 이사용 엘리베이터로 옮겼지만 그 엘리베이터가 정비 중이었어. 사실 이사하기 전에 미리 콘도에 공지를 하였음에도 불구하고 하필 그 시간에 정비하는 이유는 알 수 없었지. 이 모든 일이 하루 만에 벌어졌다는 것이 믿겨? 하하.

G: 엘리베이터를 막아 놓았다니. 그렇기 때문에 말레이시아에서는 항상 2번 3번 당부를 하는 것이 꼭 필수! 그래도 문제가 생기지만 말이야. (눈물) 그러면 어떻게 진행되었어?

K: 그래서 나의 남편은 일반 주민용 엘리베이터를 이용해 이사를 할 수 있도록 콘도 관리인과 협상을 했어. 그런데 이 이사 업체는 이삿짐 박스의 개수를 확인하지 않은 건 물론이고, 라벨도 붙이지 않았으며, 박스에 보험도 들지 않았어. 그들은 어떠한 설명도 없이 상자를 엘리베이터에 싣기 시작했어. 하하. 5분밖에 걸리지 않는 곳으로 이사하는데 그들은 1시간이나 늦게 왔고 그들에게 점심시간도 주어야 했기 때문에 이사는 오후에나 시작되었지. 우리는 그들이 박스를 지

정된 방에 둘 수 있게 하기 위해서 박스에 라벨을 붙이도록 했어. 처음에는 박스들을 제자리에 두었는데 마지막 10~20개의 박스는 너무 피곤해서 그랬는지 그냥 현관홀에 두고 가 버렸어. (눈물) 그리고 이 모든 하역 작업이 저녁에 끝나서 꼬박 하루가 걸렸지. 일본 회사, 일본 에이전트가 있는 현지 회사, 일반 현지 회사를 모두 이용해 본 후에 내가 말할 수 있는 것은 이사할 때 비용을 아끼지 말아야 한다는 것이야! 하하하. 그리고 이사 후에 내가 정말 좋아하는 접시와 컵이 10개 정도 깨져 있었어. (눈물)

G: 악! 접시를 깨뜨리다니. 정말 고생이 많았네. 우리의 경우는 물론 시간이 많이 걸렸다는 단점은 있었지만 가구가 크게 파손되거나 하지는 않았어. 그 당시 우리는 한국 업체와 가격 비교를 해 보지는 않았지만 나중에 보니 한국 업체와 가격 차이가 많이 나지는 않았던 것 같아. 이사할 때 모든 과정을 컨트롤하는 인도인 1명과 5명 이상의 일꾼들이 와서 운반했는데 큰 문제 없이 잘 진행되었어. 아! 그리고 한국에서 이사를 할 경우 항상 아주머니 한 분이 와서 주방용품을 닦고 정리를 도와주시거든. 하지만 여기는 그런 분들이 없으니 각자 미리 청소 도우미를 섭외해 놓는 것이 도움이 될 거야!

> **TIP**
>
> 말레이시아는 가사 도우미를 쉽게 구할 수 있다. 인도네시아나 필리핀 가사 도우미들이 많은데 시급은 25링깃(7,500원)~30링깃(9,000원) 정도이다. 상주 도우미도 있고 파트타임으로 하는 도우미들도 있다. 도우미 전문 에이전트에서 구할 수도 있지만 아는 사람 추천으로 연결되는 경우가 많다.

아! 일본에서는 이사를 할 때 이사를 나가는 사람이 청소와 페인트칠을 다시 해야 해? 우리는 이사 나올 때 집 보수 비용이 너무 많이 청구되어서 조금 문제가 생겼었어. 그래서 보증금의 일부밖에 받지 못했어. 한국은 이사를 들어오는 사람들이 청소를 하고 그 비용을 내거든.

K: 일본에서는 새집으로 이사하기 전에 보증금을 내고 이사할 때 에이전트와 집주인이 집에 손상이 있는지 확인하고 우리가 지불한 보증금에서 차감을 해. 이것은 말레이시아의 시스템과 거의 비슷해. 한국에서는 이사 업체에서 가구를 닦아 주고 청소해 주는 사람이 있구나. 일본에서는 큰 가구의 먼지를 닦아 주는 것이 다야. 전문적으로 도와주는 아주머니는 없었어.

G: 한국에서는 이사를 나갈 때 파손된 부분은 돈을 지불해야 하지만 청소 비용은 지불하지 않아. 우리가 청소하더라도 입주하는 사람이 다시 입주 청소를 하는 사람을 고용해. 이사 업체를 부르면 한 아주머니가 같이 오셔서 냉장고 청소 후 정리하는 것, 옷장 정리, 책 정리 등등을 도와주셔. 다만 입주 청소는 따로 업체를 불러야 하지.
아! 카스미, 말레이시아에 올 때 잘 가져왔던 물건과 '왜 가져왔지?'라고 생각했던 물건들은 뭐야? 우리는 말레이시아로 국제 이사 했을 때 정말 필요 없는 것들도 많이 가져왔었어. 하하.

K: 맞아. 우리도 똑같아! 예를 들어, 우리는 일본에서 빵을 만들 수 있

는 기계를 가지고 왔지만 말레이시아에서 건조 효모 파우더를 살 수 없었고 플러그 모양과 전압이 달라서 한 번도 사용한 적이 없어. 하하. 그리고 일본에서 아이들이 커 가는 모든 사진이 들어 있는 사진첩을 가지고 왔는데 말레이시아에 와서 두 번밖에 펼쳐 보지 못했지. 사실 가지고 오기에 너무 크고 무거웠거든. 말레이시아의 덥고 습한 날씨에 사진을 가지고 오는 대신 일본에 보관해야 했었어. 일본에서 비 올 때 잘 쓰던 레인 부츠도 가지고 왔는데 말레이시아에서는 한 번도 사용한 적이 없어. 비가 올 때 말레이시아에서는 차로 이동하기 때문에 빗속을 걸을 일이 거의 없고 만약에 신는다고 해도 비가 많이 세차게 내리기 때문에 발이 흠뻑 젖을 거야. 이것들도 가지도 올 때 매우 부피가 크고 무거웠어. 가애는 말레이시아에 무엇을 가지고 왔어?

G: 우리가 가져온 가구들과 전자제품(변압기를 이용)은 잘 쓰고 있어. 하지만 한국에서 라면을 종류별로 굉장히 많이 가지고 왔지. 한인 마트뿐만 아니라 일반 마트에서도 너무 쉽게 살 수 있는데 말이야. 심지어 너무 많이 가져온 바람에 유통 기한을 넘겨 버려 모두 버리고 말았지. 그리고 한국에서 잘 쓰던 가습기도 가지고 왔는데 역시 여기에선 무용지물이야. 하하. 그 외에도 겨울옷과 가죽 신발 등도 모두 가지고 왔는데 왜 가지고 왔는지 모르겠어. 모두 곰팡이가 슬어 못 입게 돼 버렸지. 그렇다면 국제 이사를 할 때 꼭 가지고 와야만 하는 것은 무엇이 있을까?

K: 우리가 처음에 생각했던 것보다 말레이시아에서 살 수 있는 것들

이 많지? 내가 여전히 일본 온라인 숍에서 구매하고 있는 것은 특정 화학 물질이 함유되어 있어서 정말 효과가 좋은 모기 퇴치제와 화장품같이 잘 지워지지 않는 얼룩을 제거할 수 있는 비누야. 그 밖에 모든 제품들은 말레이시아에서 구매할 수 있어. 말레이시아에서 일본 제품이 3배 정도 비싸지만 쇼핑몰에서 살 수 있고 원한다면 일본 책이나 장난감도 큰 불편 없이 살 수 있어. 하지만 그래도 일본에 갈 때마다, 많은 것들을 사서 여행 가방을 꽉꽉 채워 말레이시아에 가져오고 있어. 하하. 아이들이 좋아하는 블랭킷, 아이들 친구들의 사진 등은 우리가 잘 가지고 왔다고 생각하는 것이야. 이러한 행복한 기억이 있는 물건들은 살 수도 없고 대체품이 없으니까.

G: 2018년도에 말레이시아에 왔을 때는 인터넷 쇼핑을 하는 것도 잘 모르고 좋은 물건을 사는 장소에 대한 정보도 적었기 때문에 한국에서 가져온 물건들을 대부분 잘 가지고 왔다고 생각했어. 하지만 말레이시아에서 생활해 보니 대부분 여기에서 다 구입할 수 있었지(이제는 인터넷 쇼핑의 달인? 하하). 그렇기 때문에 각자의 살림 규모와 필요에 따라 결정하면 될 것 같아. 전자제품의 경우도 전압이 다르기 때문에 고장 날 확률이 높지만 우리 집의 경우에는 6년째 변압기를 이용해 고장 없이 잘 쓰고 있어(냉장고, 청소기, 헤어 드라이기 등등). 모두들 한국 전기밥솥은 한국에서 꼭 가져와야 한다고 말을 하곤 해. 확실히 여기에서 싸게 살 수 있는 밥솥을 이용해 밥을 해 보니 밥맛이 너무나 달라. 그렇지만 여기에서도 조금 더 비싸기는 하지만 한국 밥솥을 살 수 있기 때문에 배송비를 포함한 가격과 비교하면 큰 차이

가 없을 수도 있으니 잘 비교해 보고 결정하면 될 것 같아.

> **TIP**
>
> 말레이시아의 대표적인 온라인 쇼핑몰로는 Lazada와 Shopee가 있다. 거의 모든 제품들을 온라인으로 구매할 수 있고 배송도 빠른 편이다. 다만 가품을 판매하는 경우도 많으니 리뷰를 꼼꼼하게 읽어 보고 구매를 해야 한다(가품인지 정품인지에 대한 정확한 설명이 없기 때문에 브랜드 제품은 직접 매장에서 구매하는 것을 추천한다). 그 외에 내가 자주 이용하는 인터넷 사이트를 공유한다.
> 옷 구매: ZALORA, SHEIN
> 가구 구매: Rattan Art, Ruma, SSF, IKEA
> 전자제품: HarveyNorman, Best Denki

이케아 다만사라

K: 우리는 항상 가구가 모두 완비되어 있는 집을 찾았는데 이전 집주인의 경우는 우리의 요구를 충족시켜 주기 위해 냉장고, 세탁기뿐만 아니라 3D 스피커, 정수기, 책상 등 많은 것들을 제공해서 우리를 도와주었어. 그래서 우리는 말레이시아에서 밥솥만 사면 됐었지. 좋은 에이전트를 찾게 된다면 그들이 우리의 요구를 맞춰 주기 위해 집주인과 협상을 잘해 줘. 그래서 우리는 원하는 것들이 협상을 통해 거의 충족되어 매우 기뻐했지. 하하.

G: 좋은 집주인과 에이전트를 만나 협상을 잘하는 것이 중요하네. 냉장고의 경우 우리는 한국에서 가져온 냉장고, 원래 집에 있었던 냉장고 두 개를 이용하고 있어. 처음 이사를 왔을 때 '말레이시아 집의 냉장고는 왜 이렇게 작지?' 하고 생각했었어. 한국은 어느 집에 가나 아주 큰 대형 냉장고가 있거든. 기본 냉장고에 김치냉장고를 더해서 2개씩 보유한 가정이 적지 않아. 아마도 한국의 냉장고 회사들이 홍보를 굉장히 잘하고 있는 것 같아. 하하.

K: 그렇구나! 김치만 보관하기 위한 냉장고라니! 나도 갖고 싶은걸!

Chapter 2:
Do you want to know about living in Malaysia?

1. 덥기만 한 동남아, 말레이시아

G: 카스미, 나는 말레이시아를 선택할 때 한국의 미세 먼지도 이주를 결정하는 데에 한몫했어. 지금이야 코로나로 인해 여전히 마스크를 쓰고 있는 사람들도 있지만, 2018년 한국은 초미세 먼지로 인해 아이들이 밖에 나갈 때 마스크를 써야 했는데 그것이 너무 불편하고 힘들었어. 한참 밖에서 뛰어놀아야 할 나이의 우리 아이들이 놀이터에 나가서 맘대로 놀지도 못하고 아침마다 앱으로 오늘의 미세 먼지를 확인하는 것이 큰 스트레스였지. 그런데 말레이시아의 파란 하늘을 보고는 크게 감동했어. 카스미는 말레이시아의 날씨가 어때?

예쁜 색감의 날씨(데사파크의 Clubhouse)

K: 맞아. 말레이시아의 파란 하늘은 정말 아름다워. 하늘이 맑은 날은 저 멀리 있는 산이 보이고, 야경 역시 정말 멋져. 한낮에는 땀이 줄줄 흐를 정도로 덥지만 이른 아침은 선선하고 산책을 다니기에 딱 좋아.

모자와 선글라스, 날씨가 좋은 날의 데사파크

G: 한낮의 더위는 집 밖을 나서는 순간 땀이 줄줄 흐를 정도지. 그래서인지 한낮에는 사람들이 거의 밖을 돌아다니지 않아. 하지만 아침과 저녁은 선선해서 에어컨은커녕 선풍기 바람조차 불필요하지. 선선한 아침에 산책을 한 후 돌아오는 길에 보이는 맑고 파란 하늘과 선명한 구름들은 그림처럼 아름다워. 이런 날씨는 나에겐 정말 힐링 포인트야. 하지만 그에 못지않게 비도 정말 많이 내리지.

K: 나는 말레이시아의 스콜에 매우 놀랐어. 일본 여름의 태풍은 보통 며칠간 비가 지속적으로 내려. 반나절, 심지어는 하루 종일 비가 오기도 해. 일본에 있을 때 비가 오는 날이면 우산을 가지고 다녔지. 하지만 여기 말레이시아는 거의 매일 하루에 한두 시간 집중적으로 비가 내리지. 심지어 낮 동안 햇볕이 쨍쨍해도 오후 4시쯤에 갑자기 비가 몇 시간 정도 내렸다가 다시 맑아져. 비가 매우 강하게 많이 내리고 번개 때문에 나무가 가끔 도로로 쓰러지기도 해. 비가 내리면서 바람도 강하게 불기 때문에 우산을 쓰고 다니는 사람을 거의 볼 수 없어. 그리고 스콜이 내릴 때 운전을 하면 앞이 잘 보이지 않기 때문에 상당한 공포감이 몰려오지. 그러나 비가 내린 후 아주 빠르게 길이 다 마르는 것도 참 신기해.

G: 한국도 마찬가지야. 여름에 태풍이 오기는 하지만 말레이시아 스콜과는 달라. 한국 역시 일본과 마찬가지로 특정한 시즌에 몇 주간 비가 내리거든. 나는 운전을 잘 못하기 때문에 말레이시아 스콜 때는 웬만하면 운전하지 않아. 하지만 비가 온 뒤는 하늘도 더 맑아지

고 시원해져서 좋아.

> **TIP**
> 쿠알라룸푸르는 4, 5, 10, 11월을 제외하고는 우기이다.

비가 온 후의 무지개

37도

K: 아마도 말레이시아에서는 하루 종일 비가 내리는 날이 일 년에 2~3일 정도인 것 같아. 말레이시아는 일 년 내내 평균 기온이 27~33도 정도로 덥지만 기후가 안정적이기 때문에 생활하기에 편하다는 느낌이 들어. 차와 집에 있는 에어컨에 난방 옵션은 없고 냉방 옵션만 있다는 것을 알았

을 때 나는 참 재미있었어. 나는 말레이시아 날씨가 정말 좋지만 겨울에 코트 입었을 때의 포근함과 눈이 그리울 때가 있어.

G: 그렇구나. 나는 여름을 좋아하는 사람이라서 말레이시아의 날씨가 좋았어. 그리고 생각보다 습하다는 느낌이 없어. 물론 하루 종일 비가 오는 심한 우기 때는 제외! 그리고 겨울옷이 필요 없다는 것도 큰 장점이야. 티셔츠와 반바지를 입고 다니는 것이 편하고 경제적이지. 아이들 옷도 그렇고 엄마들도 크게 옷차림에 신경 쓰지 않기 때문에 부담이 없어. 한국에서는 엄마들이 아이들을 학교에 데려다줄 때나 데리고 올 때 옷차림에 신경을 쓰는 편이거든.

K: 일본도 마찬가지야! 엄마들이 심지어 쓰레기봉투를 버리러 나갈 때도 보통 흐트러짐 없이 잘 차려입기 때문에 나 역시 옷차림에 신경을 많이 썼지…. 하지만 지금 이곳 말레이시아에서는 다른 엄마들의 눈높이에 맞춰 제대로 차려입으려 하지 않고 누구와도 비교할 필요 없이 심플한 옷만 골라 입기 때문에 매우 편하고 자유로워. 사계절이 있던 일본에서는 보통 여름옷에서 겨울옷으로 1년에 두 번 옷장을 정리해야 했는데 이것은 나에게 여간 부담스러운 일이 아니었어. 하지만 말레이시아는 일 년 내내 여름옷만 필요하니 정말 간편하고 쉬워. 아! 하지만 식당, 쇼핑몰, 영화관 같은 실내에 간다면 에어컨 때문에 매우 추우니 꼭 긴 팔 옷을 챙겨야 해. 나는 야외 날씨가 항상 덥기 때문에 카페나 레스토랑에서 차가운 음료를 주문하는 편인데, 가끔 실내에 있는 것을 잊고 차가운 음료를 주문해 덜덜 떨면서 마시곤 해.

아, 그런데 말레이시아에는 자연재해가 적다고 들었어. 맞지?

 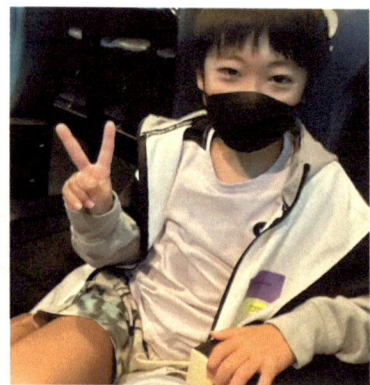

야외에서 마시는 열대 과일 음료들, 추운 영화관

G: 맞아. 말레이시아는 가끔 있는 산사태나 홍수를 제외하고는 자연재해가 거의 없는 나라라고 들었어. 말레이시아 근처에 위치하고 있는 인도네시아나 태국 등에서 매해 자연재해가 일어나는 것을 보면 말레이시아는 축복받은 땅이라고 할 수 있지. 그렇지만 매년 10월에 있는 헤이즈는 (꽤나) 말레이시아의 골칫거리인 것 같아. 헤이즈는 한국의 미세 먼지를 떠올리게 하지.

헤이즈가 심할 때의 데사파크

K: 그래. 2019년인가 헤이즈가 너무 심해서 학교가 휴교를 했던 것이 기억나. 심지어 가까이에 있는 건물조차 잘 보이지 않았어. 하지만 말레이시아에는 지진이 없어! 알다시피 일본은 지진이 매우 빈번하게 일어나서 나는 항상 두려웠어. 우리는 응급 상황에 대피해야 할 것을 대비해서 보통 물이나 옷가지 등 필수품을 가득 담은 가방을 항상 준비해 놓지. 그러나 말레이시아에서는 그럴 필요가 없어서 안심이야.

G: 말레이시아에 자연재해가 적다는 것도 이주를 결정할 때 중요한

부분이 될 수 있을 것 같아. 항상 덥지만 아침저녁은 선선하고 파란 하늘을 매일 볼 수 있는 말레이시아의 날씨가 나는 정말 좋아!

2. Colourful Malaysia

G: 말레이시아는 동남아시아에서 가장 다양한 인종과 문화가 공존하는 나라 중의 하나야. 바로 이 부분이 내가 말레이시아에서 살면서 가장 좋아하고 재미있다고 생각하는 부분이야. 말레이시아는 말레이시아인, 중국인, 인도인으로 구성된 다민족 국가이고, 우리가 살고 있는 데사파크는 정말 다양한 국적의 사람들이 거주하고 있지.

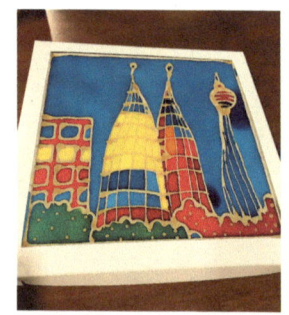

바틱 색칠(컬러풀 말레이시아)

50개의 국가의 아이들이 모여 있는 ISP(International day)

K: 그래. 나 역시 그렇게 느끼고 있어. 우리가 데사파크에 있는 공원이나 카페에 있을 때면 다른 국적의 다양한 사람들을 볼 수 있지. 영어, 바하사, 만다린은 물론이고 알아들을 수 없는 언어들이 여기저기에서 들리잖아.

조아가 5세 때 그린 친구들

G: 맞아. 우리 주위의 친구들만 보아도 정말 다양하지. 말레이시아, 한국, 일본, 중국은 물론이고 영국, 미국, 독일, 프랑스, 덴마크, 그리스, 튀르키예, 인도네시아, 태국, 이란, 러시아, 우크라이나 등등 다양한 나라에서 온 친구들이 살고 있잖아. 한국에서 내가 살던 지역은 정말이지 한국 사람밖에 없었어. 물론 해외 거주자들이 모여 사는 곳이 아닌 로컬 지역에 거주했기 때문이지만 도심 지역에 가도 이렇게까지 다양한 인종을 볼 수는 없었어. 아주 간혹 중국인이나 영어 유치원 선생님 정도를 볼 수 있는 것이 다였지. 일본은 어때?

K: 일본도 같아. 일본에서 다른 국적의 친구들을 만나는 것이 쉽지 않아. 일본에는 상당수의 외국인이 살고 있는 것으로 알고 있는데 그들 대부분은 특정한 지역에 몰려 산다고 알고 있어. 나는 특히 시골에서 자랐고 이후 도쿄 근처로 이사 와서 살았는데 그래서인지 내 주변에서 외국인을 거의 만나 본 적이 없는 것 같아. 그러나 여기 말레이시아에서는 다양한 나라에서 온 다양한 사람들과 친구가 될 수 있었어. 그들의 대부분은 친절하고 우리와는 다른 사고방식과 생활 습관을 가지고 있기 때문에 서로 알아 가고 친구가 되는 것이 매우 흥미롭지.

G: 다양한 민족이 살고 있기 때문에 중요하게 생각하는 가치도 다양해. 한국 문화권에서는 중요한 것들이 다른 문화권에서는 전혀 의미 없는 것일 수도 있거든. 그렇기 때문에 자신의 의지와 가치에 따라 삶을 살아갈 수 있어. 한마디로 눈치를 볼 필요가 없다는 뜻이지. 한국에서는 내가 다르게 생각할지라도 주변 눈치를 보며 따라야 하는 경우가 종종 있었거든.
또한 다양한 문화권에서 다양한 생각을 가진 사람들과 친구가 된다는 것은 참 즐거운 일이야. 말레이시아에서 우리가 친구가 된 것처럼 말이야.

K: 그게 바로 내가 생각하는 거야. 내가 느끼는 바로는 일본인이 아닌 다른 나라 사람들은 자신의 의견을 좀 더 확실하게 표현하는 것 같아. 그래서 이 사람이 어떤 생각을 하는지 읽으려고 노력할 필요가 없기 때문에 이해하기 쉽고 그들과 대화를 할 때 편안함을 느껴. 가

애가 생각하는 것처럼 우리 주변에 멋진 친구가 있다는 것에 감사하고 축복받았다고 생각해.

G: 정말 맞는 말이야. 이건 또 다른 얘기인데 말레이시아 음식은 어때?

K: 말레이시아에는 맛있는 음식이 많은 것 같아. 다양한 문화가 공존해 있기 때문에 말레이시아 음식이라고 할 때 이것을 한 그룹으로 단정할 수 없지만 말레이 음식, 인도 음식, 중국 음식, 뇨냐 음식 등이 있지. 우리는 여기서 네 가지 종류의 음식을 모두 즐길 수 있어! 그리고 나는 말레이시아 사람들이 코코넛으로 지은 밥에 달고 매운 소스를 함께 먹는 나시르막을 아침 식사로 먹는 것을 보고 깜짝 놀랐어.

맥도날드에서 파는 나시르막

일본의 전형적인 아침 식사는 밥과 함께 야채, 생선, 된장국을 먹는데, 위에 자극을 주는 매운 음식은 피하는 경향이 있어. 한국의 아침 식사는 어때?

G: 생각해 본 적이 없었는데 지금 보니 그러네. 현지 말레이시아 사람들이 아침에 간이 가판대에서 나시르막을 먹는 것을 많이 보았어.

물론 가정마다 다르기는 하지만 한국도 일본과 마찬가지로 흰쌀밥과 국, 달걀 등 자극적이지 않은 음식을 많이 먹는 것 같아. 하지만 요즘에는 간단하게 토스트나 시리얼, 요거트 등을 아침 식사로 먹는 사람들도 많은 것 같아.

드라이 판미, 맑은 국물의 판미, 새우판미

K: 내가 선호하는 말레이시아의 아침 식사는 판미야. 나는 버섯과 건어물로 국물을 낸 음식을 좋아해. 내 생각에 이런 종류의 국물은 일본과 한국의 음식 문화와도 매우 비슷하고 많은 사람들이 좋아하는 것 같아. 그 밖에 차퀘이티아오, 락사, 사테도 대표적인 말레이시아 음식인데 일본에서는 이런 종류의 음식을 본 적이 없어. 그리고 우리가 지난번에 먹어 보았던 말레이시아 디저트인 첸돌은 코코넛밀크에 담긴 녹색 젤리가 조금 이상해 보였지만 맛있었어. 생각보다 달지 않고 시원하면서 깔끔한 맛이었어.

아! 가애! 퀴이 먹어 본 적 있어? 퀴이를 처음 봤을 때 일본의 전통 과자가 떠올랐어. 색이 화려하고 모양도 귀엽게 생겼거든. 그런데 맛은 우리가 기대했던 맛이 아니었어. 매운맛으로 보이는 퀴이를 먹었는데 너무 신맛이 났고, 달콤한 퀴이인 줄 알고 먹었는데 엄청 짰고, 딱딱해 보이는 것을 먹었는데 쫄깃쫄깃했어.

퀴이

나는 퀴이를 먹을 때마다 너무 놀라서 악! 하고 소리를 질렀어. 하하.

말레이시아 디저트 첸돌

G: 한국 사람 대부분이 판미를 좋아해. 한국의 칼국수와 비슷한 맛인데 맵게 먹을 수 있고 담백하게도 먹을 수 있어. 퀴이는 아직 못 먹어 봤는데 다음에 한번 시도해 봐야겠다. 색깔이 너무 화려해서 두려움에 아직 시도해 보지 못했어. 완전 반전 음식이구나. 하하. 나는 차퀘이티아오를 좋아해. 말레이시아식 볶음국수인데 아마 태국의 팟타이를 좋아한다면 틀림없이 좋아할 거야. 가끔 길거리에서 사테도 사 먹는데 땅콩소스가 아주 일품이지.

K: 나는 차퀘이티아오를 칠리간장소스(칠리파디)와 같이 먹는 것을 좋아해. 정말 맛있지 않아? 가애는 한국에서 말레이시아 음식을 먹어 본 적이 있어?

차퀘이티아오, 아쌈락사, 드라이바쿠테

G: 물론 칠리파디와 함께지! 하하. 한국에서는 말레이시아 음식이 무엇인지도 몰랐고 쉽게 접할 수 없었어. 얼마 전에 유튜브에서 한국에 있는 말레이시아 레스토랑을 소개하는 것을 봤지만 한국에서 인기 있는 태국 음식에 비해서 정보가 많이 없어. 한국에 살 때 우리가 선택하는 음식의 대부분은 한식, 중식, 일식, 한국식 이탈리안 정도가 다였어. 지금은 배달 앱의 발전으로 다양한 음식을 선택할 수 있는 기회가 많아진 듯 보이지만 말이야. 물론 한국의 이태원이나 한남동을 가 보면 여러 가지 다양한 음식이 있지만 어쩌다 가끔 가는 특식의 개념이었고 외국 음식에 대한 정보도 매우 적었어.

K: 이런 부분은 한국과 일본이 매우 비슷하네. 나는 일본에서 판미나 차퀘이티아오 같은 말레이시아의 대표적인 음식을 접해 본 적이 없어. 그런 음식을 찾기 어렵고, 있다고 해도 일본인의 입맛에 맞춘 일본화된 음식으로 변하기 때문에 우리가 여기서 접하는 진짜 현지 음식과는 조금 다르지.

한중일 음식

G: 맞아. 한국도 외국 요리가 한국에 들어오면 한국식 퓨전 요리로 바뀌지. 그런데 말레이시아는 말레이시아에 살고 있는 다양한 민족만큼이나 다양한 레스토랑을 여기저기서 볼 수 있어. 말레이, 중국, 인도 음식은 물론이고 한국 음식, 일본 음식, 이탈리안 음식, 타이 음식, 중동 음식, 스페인 음식, 프랑스 음식, 아프리카 음식 등등 셀 수도 없는 다양한 종류의 레스토랑이 있지. 여러 가지 다양한 음식을 경험해 보는 것은 참 즐거운 일이야. 어떻게 생각해?

스페인, 중동, 프랑스

K: 나도 완전히 동의해! 나는 인도 음식하면 난과 카레만 있는 줄 알았는데 여기 와서 맛있고 흥미로운 인도 음식이 정말 많다는 것을 알았어.

로띠차나이, 인디안 커리

다른 나라 음식도 마찬가지고 내가 만약에 말레이시아에 오지 않았다면 평생 몰랐을 거야. 내가 결코 '일본 요리'라고 부르지 못할 말레

열대 과일의 천국

아시아식 일본 음식을 먹어 본 경험이 많지만 이건 다른 나라에서도 마찬가지일 거야. 그래도 전반적으로 나는 말레이시아 음식 품질에 만족해! 여기는 음식 천국이야. 그리고 말레이시아에는 다양한 종류의 과일이 많잖아! 가애는 어떤 과일을 가장 좋아해?

G: 맞아. 말레이시아는 미식 천국이야. 외식 가격도 다른 나라에 비하면 굉장히 저렴한 편이니, 살기 좋은 나라임이 분명해. 나는 과일 중에서 망고스틴을 좋아해. 말레이시아는 열대 과일이 풍부하기 때문에 한국에서는 쉽게 접할 수 없는 다양한 과일을 많이 접할 수 있어. 한국인들이 좋아하는 망고도 어디를 가나 쉽게 볼 수 있지. 특히 과일의 왕이라는 두리안이 나오는 나라잖아. 나는 아직 두리안과 친해지지 못했지만 말이야. 카스미는 어때?

K: 나는 망고를 사랑하지! 말레이시아 망고는 매우 달고 맛있어. 일본에서는 망고 가격이 비싼데, 말레이시아에서는 아주 합리적인 가

격이야. 두리안은 아주 진한 커스터드 크림 같았지만 내 취향은 아니었어. 하하. 람부탄을 처음 봤을 때 모양 때문에 매우 거부감이 들었지만 맛은 리치와 비슷해서 산뜻하고 맛이 있었어. 그 외에도 스타프루트, 용과, 패션프루트 등 많은 열대 과일을 마트에서 쉽게 볼 수 있지. 그래서 신선한 과일주스도 어디에서나 즐길 수 있어.

어디에서나 쉽게 볼 수 있는 과일 트럭

G: 조금 더 시간이 지나면 두리안의 참맛을 알게 되겠지? 하하.

K: 아마도 우리가 좋아하게 될 때까지 꽤 시간이 걸릴지도 몰라. 하하.

3. 말레이시아에서 영어로 말하기

G: 한국은 어디에서나 영어로 자연스럽게 의사소통이 된다고 말할 수는 없어. 요즘은 유학을 다녀온 어린 친구들의 수가 늘었고, 영어를 배울 수 있는 다양한 플랫폼의 발달로 영어 잘하는 사람들이 늘어났지만 마트나 공공시설에서 영어로 소통이 자유로운 곳이라고 볼 수 없지. 말레이시아 친구가 한국에 여행을 가서 코엑스에 방문했는데 그곳에서 영어가 통하지 않아 통역 좀 해 달라는 전화를 받은 적도 있어. 하하. 일본은 어때?

K: 일본도 마찬가지야. 학교에서 처음 영어 공부를 시작했던 내 나이와 비교해서 요즘 아이들은 영어를 더 일찍 배우는 경향이 있지만, 이것이 반드시 영어를 말할 수 있다는 것을 의미하지는 않아. 일본에서는 외국인과 교류할 수 있는 상황들이 매우 드물고, 일상생활에서 다른 사람과 영어로 대화할 기회도 적어. 일본 학교에서 영어는 단순히 입학시험의 과목 중의 하나로 다뤄지고 의사소통의 도구로 배우지 않아.

G: 지금은 조금 달라졌다고 하지만 한국 영어 교육도 말하기보다는 읽기와 쓰기가 더 중시되기 때문에 말하기에 두려움을 가지는 사람이 많아. 나 역시 외국인을 만날 기회도 거의 없었지만 혹시 말할 기회가 있어도 두려움에 피했던 것 같아. 하지만 말레이시아는 어디를

가든지 서로 완벽한 영어는 아닐지언정 영어로 소통하는 것에 큰 문제가 없어. 마트나 공공시설 혹은 병원 등 어디를 가든지 힘들지 않게 영어로 소통할 수 있지. 게다가 말레이시아 사람들은 대부분 매우 친절하고 한류의 영향인지 한국 사람에게 호감을 가지고 있어서 의사소통하는 것이 다른 영어권 나라보다 편한 것 같아. 그만큼 본인이 노력하지 않으면 영어가 빨리 늘지 않는다는 단점이 될 수도 있지! 이상한 영어를 사용해도 너그러이 받아 주니까! 또한 한국 사람들이 하는 영어를 콩글리시라고 하는 것처럼 말레이시아에도 망글리시가 있으니 영어 발음에 민감한 사람들은 조심해야 해! 아주 중독성이 있는 말투와 효율적인 문법의 영어를 사용하기 때문에 따라 하기 아주 좋거든.

예시 1) Can I tapao this?

> 이 말은 음식점에서 "음식 포장이 되나요?"라고 묻는 말이다. Tapao는 중국어로 포장하다 혹은 음식을 싸 가다는 뜻인데, 말레이시아에서는 말레이 중국인이 아니더라고 거의 모든 음식점에서 통용되는 말이다.

예시 2) Can or not?

> 이 말은 말레이시아 사람들이 항상 어디에서나 사용하는 말이다. 예를 들어 여기에 주차를 해도 되냐고 물어볼 때도 손을 가리키며 "Can or not?" 이렇게 묻고 "can!" 아니면 "can not!" 이렇게 대답한다. 주차뿐 아니라 모든 상황에 적용할 수 있는 문장이다. 이 얼마나 실용적인 문장인가?

K: 나도 전적으로 동의해. 말레이시아 사람들이 나의 부족한 영어를 받아 주는 것에 정말 감사해. 하하. 내가 불완전한 문장을 말할 때마

다 내가 말하고자 하는 바를 이해해 주려고 노력하고 마치 영어 수업을 하는 것처럼 문장을 고쳐 주기도 해. 이 말은 곧 그들이 매우 친절하고 다정하다는 것을 의미하지. 그리고 모든 방언들과 억양들… 말레이 억양, 중국어 억양, 미국식 영어, 영국식 영어 등등 그들은 모두 같은 언어인 영어를 사용하는데 모두 다른 언어처럼 들리는 것이 나쁠이야? 하하. 그리고 확실히 영어로 말을 할 수 있는지 없는지는 전적으로 나에게 달려 있어.

바하사, 영어, 중국어가 같이 쓰여 있는 사인

G: 맞아. 모두 같은 영어를 사용하는데 억양 때문에 전혀 다르게 들리지. 처음에는 상대방 말이 너무 들리지 않아서 고생을 많이 했어. 말레이시아에서 산다면 말레이시아식의 동사로만 이야기하는 것 (Can! Can not! No need!)과 말레이 중국인들의 재미있는 억양 (lah!)과 말레이 인도인의 강한 억양에 익숙해져야만 해! 그렇지?

K: 그래. 그것이 가장 효과적인 방법이야! 또 집에 문제가 있을 때 오는 수리공들과 의사소통을 해야 하는 경우가 많은데 대부분 영어가 통하지 않아. 그래서 손짓발짓을 해 가며 간단한 단어로 설명을 해야 해. 그리고 우리도 그들이 무슨 말을 하는지 이해하려고 노력해야 하지. 만약 의사소통이 원활하게 되지 않으면 문제를 해결하기 힘들고 다음번에 또 약속을 잡아야 할 수도 있어. 나는 화장실 누수가 고

쳐졌다고 생각했는데 내가 모르는 사이 다른 날에 또 다른 수리공이 집에 온 적도 있어.

G: 말레이시아는 수리공이나 가사 도우미 같은 일꾼들이 대부분 다른 나라 출신인 경우가 많아. 한국은 레스토랑 웨이터나 청소를 하는 분 모두 한국인인데, 말레이시아는 말레이시아 사람들이 그런 일을 하지 않아. 인도네시아나 파키스탄 사람들을 많이 볼 수 있는데 그들과는 영어가 잘 통하지 않지. 카스미의 경우처럼 수리공들은 대부분은 말레이시아 사람이 아니기 때문에 영어가 통하지 않아서 문제가 생기는 경우가 있는 것 같아.

K: 그래! 말레이시아의 청소부와 가드들은 말레이시아 현지인이 아니라 대부분 외국인 노동자들이야.

G: 며칠 전에 준이 자동차 가스 스테이션에 갔는데 거기에서 일하던 노동자가 "Where from?" 이렇게 물어봤다고 해. 물론 무슨 의미인지 이해하고 "I am from Korea."라고 대답했는데 이런 일이 비일비재하지.

K: 아! 그리고 우리는 약간의 바하사는 어느 정도 이해를 해야 하지. 특히 'Awas'라는 단어를 공사장 주변에서 자주 볼 수 있는데 이것은 '위험'을 뜻해. 그리고 주차장에서 헤매지 않기 위해서는 출구를 의미하는 'Keluar'라는 단어도 기억하는 게 좋을 거야.

G: 응. 바하사를 조금 이해할 수 있다면 더욱 편하게 말레이 라이프를 즐길 수 있겠지. 바하사는 영어 알파벳을 이용한 언어라서 배우기가 수월하다던데 같이 한번 배워 볼까? 하하.

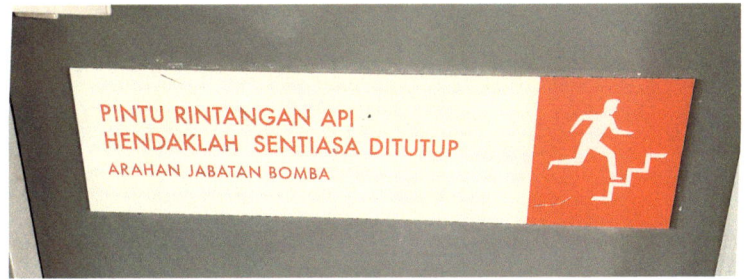

바하사. 방화문 안내

4. 말레이시아의 저렴한 물가

K: 가애! 나는 말레이시아에 오기 전에 말레이시아의 생활 비용이 일본의 3분의 1밖에 안 된다고 들었어. 실제로 이곳에 살고 있는데 어떻게 생각해?

G: 나도 말레이시아에 오면 생활비가 많이 줄어들 것이라고 생각했어. 하지만 모든 것이 저렴하지만은 않지. 의식주 중에 옷의 경우는 비용이 확실히 줄어들었어. 비싼 겨울옷을 살 필요가 없고 보여 주기식의 좋은 브랜드의 옷도 살 필요가 없거든. 또한 한국에서 많이 볼 수 있는 보세 숍을 여기서는 찾아 보기 힘들어서 대부분 H&M이나 Zara를 이용하여 옷을 구매하지. 아이들도 교복을 입고 다니기 때문에 옷을 살 일이 많지 않아.

K: 그래. 일본에서 우리도 해마다 아이들을 위해 겨울 코트와 부츠를 장만해야 했는데 이런 제품들은 상당히 비싸지. 또한 1년에 2번씩 옷장 정리를 해야 했어. 우리는 일본에서도 쇼핑몰이나 온라인 상점에서 옷을 샀기 때문에 말레이시아에서 옷을 사는 방식은 같지만 말레이시아에서는 오직 여름옷만 필요하지. 연말쯤이 되면 말레이시아의 가게들도 겨울옷을 팔기는 하지만, 일본으로 돌아갈 필요가 없는 한, 혹은 매우매우 추운 말레이시아의 영화관에 가기 위해 옷을 준비하지 않는 이상 사실 겨울옷을 고려할 필요가 없지. 말레이시아 음식 가격은 어떻게 생각해?

G: 음식은 선택의 폭이 다양하잖아. 호커센터에서 나시르막이나 사테 등 현지 음식을 먹을 경우(음료 포함) 대부분 20링깃(6,000원) 안쪽으로 해결되지만 멋진 레스토랑의 음식 가격은 저렴하다고 볼 수 없어. 자신의 선택과 선호도에 따라 달라지는 것 같아. 우리 가족의 경우는 한국과 식비를 비교하면 큰 차이가 없는 것 같아. 호커센터에서 다양한 말레이 음식을 먹는 것도 좋아하고, 요즘 내가 푹 빠져 있는 스페인 레스토랑에 가서 먹기도 하니까 말이야.

Mix Rice Shop(뷔페 형식의 가게로 3개를 고르면 21링깃)

K: 그래, 맞아. 말레이시아에서 일본 음식을 먹는 것은 일본에서보다 훨씬 비싸. 하지만 현지 음식 가판대에서 현지 음식을 사 먹으면 일본 가격의 3분의 1 수준이야. 심지어 수프나 죽, 음료도 비닐봉지에 담아서 주기 때문에 비용이 크게 절감되는 것 같아. 그래서 우리

는 그것을 집으로 가지고 와서 집에 있는 접시나 잔에 부어서 먹어.

레몬에이드 5.5링깃(유명한 프랜차이즈 Bungkus Kaw Kaw)

G: 그래. 여기는 비닐봉지에 음식을 주는 경우가 많아서 처음에는 조금 깜짝 놀랐어.

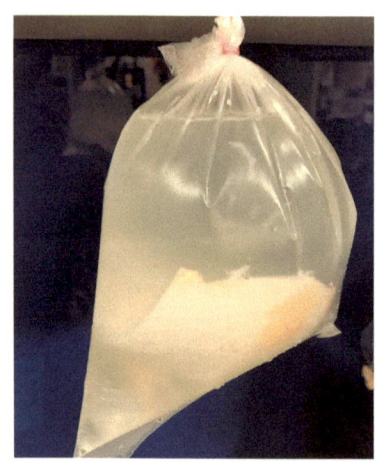 

봉지에 담겨 있는 코코넛주스 3.5링깃, Tea live 메뉴(버블티 프랜차이즈)

K: 음료나 수프는 보통 물이 새지 않도록 끈으로 정말 잘 묶어서 줘. 한국과 비교해서 거주 비용은 어때?

플라스틱 봉지에 담겨 있는 포크누들 9링깃, 접시에 담은 포크누들

G: 거주 비용을 얘기하자면 Expat의 경우 대부분 집을 렌트하는데 한국과 비교해서 보증금이 굉장히 저렴한 편이야. 한국이 한 달 월세의 15배에서 20배 정도의 보증금을 내는 데에 반해 말레이시아에서는 보증금이 보통 한 달 월세의 2~3배 정도이니까. 그리고 한국은 전세 제도가 있는데 대부분의 다른 나라처럼 여기는 월세만 있지. 집의 컨디션과 가구의 여부에 따라 다르지만 데사파크의 경우 2,800링깃(84만 원) 정도부터 시작해서 30,000링깃(900만 원) 전후까지 다양하게 있어. 모든 콘도와 링크하우스에는 수영장과 GYM, 그리고 파티 공간 등의 공용 시설이 있어서 우리 가족은 집에 아주 만족하고 있어. 한국과 같은 컨디션의 집을 비교하자면 월세가 저렴한 것 같아.

K: 한국의 보증금이 그렇게 비싼 줄 몰랐어! 일본에서 우리가 렌트를 했을 때, 보통 집세의 한두 달 치인 환불 가능한 보증금, 환불이 불가능한 보증금, 인센티브를 중개인에게 지불해. 그리고 우리가 지불해야 하는 보험과 수수료는 그렇게 비싸지 않아. 일본에서 도쿄의 경우 지하철 근처의 집은 렌트 비용이 비싸고 집의 사이즈도 매우 작아.

항상 단지를 돌아다니며 도움을 주는 가드

일본 콘도의 공용 시설은 말레이시아의 콘도만큼 이용하기 편리하지 않지. 도쿄에서 작은 유닛을 빌리는 것과 같은 가격으로 우리는 수영장, 체육관, 테니스 코트 그리고 큰 분수대 등을 갖춘 큰 유닛의 콘도를 얻을 수 있어. 게다가 항상 경비원들이 수시로 돌아다니고 있고 청소 도우미들이 콘도 주변을 청소하고 식물에 물도 주고 관리해. 일본에서는 매일 아침 밖에 나가서 쓰레기를 버리는 공공장소에 직접 가야 하는데, 말레이시아에서는 모든 층에 쓰레기장이 있고 청소 도우미들이 관리를 해 주기 때문에 매우 편리해.

G: 맞아. 한국에서도 정해진 날에 내려가서 분리수거를 해야 했어. 분리수거를 잘못하거나 아무 곳에나 버려두면 집으로 전화가 와서 다시 정리하라고 할 정도로 철저하게 관리했어. 그런데 여기는 분리수거에 크게 신경을 쓰지 않는 것 같아서 마음이 불편할 때가 있어. 그리고 수도세와 전기세, 관리비도 한국과는 달라. 한국은 수도세, 전

기세, 관리비 모두 세입자가 지불하게 되어 있어. 그런데 말레이시아는 관리비의 경우 집주인이 내지.

K: 일본에서도 쓰레기의 종류에 따라 다르게 분리를 해서 버려야 하는데 우리가 살고 있는 콘도의 관리 사무소에 문의를 했더니 쓰레기를 분류하는 것은 청소 도우미의 일이니 구분하지 말고 버리라고 하더라고. 그리고 일본의 경우 가구와 같이 큰 물건을 버릴 때 이것을 수거하는 비용을 우리가 지불해야 하는데 말레이시아에서는 버리는 비용이 없거나 다른 사람들에게 나누어 줄 수 있어.

다양한 종류의 시리얼

G: 맞아. 한국에서도 큰 가구를 버릴 때는 폐기물 처리 비용을 내야 해. 또한 Village grocery, Aeon, Jaya grocery 등의 마트에 가 보면 물

가가 예상했던 것보다 싸지 않다는 것을 느낄 수 있을 거야. 말레이시아 현지 식재료는 싼 편이지만 수입 제품의 경우 한국보다 비싼 경우도 있어. 그리고 위에서 언급한 체인형 마트에는 현지 제품보다 수입 제품의 종류가 훨씬 많고 현지인들도 수입 제품을 선호하는 것 같은 느낌을 받을 때가 많아.

빌리지 그로서 쇼핑(수입 제품), 쇼핑 영수증

K: 그래, 말레이시아에는 다양한 수입 제품들이 있어 다양한 시도를 해 볼 수 있는 것도 하나의 즐거움이지. 마트에서 일본 제품을 산다면 일본 가격의 3배 정도 되고, 대부분 냉동 상태로 판매가 되지.

G: 물론 대형 마트가 아닌 Wet market(한국의 재래시장으로 보통 새벽 6시부터 오후 12시에 문을 닫는다)나 NSK와 같은 현지인이 많이 가는 마트에는 말레이시아산 야채와 과일이 많이 있고 가격도 매우 저렴한 편이니까 각자의 선택에 따라 생활비에 많은 차이가 날 것 같아.

K: 그래, Night market이나 Wet market을 이용하면 신선하고 좋은 품질의 음식을 구할 수 있지. 고기를 미리 잘라 포장한 상태가 아닌 그 자리에서 원하는 부위를 잘라서 원하는 양만큼 구매할 수 있고 생선 역시 그 자리에서 잘라 주거나 깨끗하게 손질해 주지.

TTDI WET 마켓

G: 아! 카스미, 그랩은 어때? 일본의 택시비는 매우 비싸다고 들었어.

K: 일본 택시의 기본요금은 아마 15링깃(4,500원) 정도일 거야. 그리고 1km 후부터는 230m가 추가될 때마다 3링깃이 부과가 되지. 그래서 만약에 5km 정도 떨어진 곳에 가고자 한다면 75링깃(22,500원) 정도의 비용을 내야 해. 또한 아침 일찍이나 밤늦게 택시를 이용하면 할증이 붙게 되는데 아마 한국도 비슷할 것 같아. 하지만 말레이시아에서는 그랩이라는 앱을 사용하는데 이 앱을 통해 차를 타거나 음식 배달을 요청할 수 있어. 예를 들어 우리가 5km 떨어진 곳으로 이동하기 위해 교통량에 따라 다르긴 하지만 18링깃(5,400원) 정도를 지불하면 돼. 우리는 앱으로 미리 목적지를 설정해서 운전자와 소통할 필요가 없고, 또 앱을 통해 우리가 어디에 있는지 계속 확인할 수 있어. 차량을 부르기 전에 미리 가격이 앱에 표시되고 운전자의 정보도 등록되어 있기 때문에 확인할 수 있어. 차를 부른 후에 우리는

차가 어디에 있는지 확인할 수도 있으며, 운전자에게 전화하거나 메시지를 보낼 수도 있어. 추가 요금도 없고 온라인으로 결제가 가능하기 때문에 아주 편리하지. 나는 보통 자차를 이용하지만 시내를 나가거나 주차 공간이 마땅하지 않을 경우 그랩을 이용해.

G: 그랩은 외국인 입장에서도 사용하기 참 편리하게 되어 있어. 말레이시아는 버스나 지하철과 같은 공공 기반 시

데사파크에서 몽키아라까지 6.8km,
14링깃(4,200원)

설을 사람들이 잘 이용하지 않는 것 같아. 말레이시아 사람들은 성인이 되자마자 자동차를 구매한다고 해. 그래서인지 버스나 지하철 노선이 다양하지 않고 해당 역에 도착해도 해당 장소를 찾기 힘들다고 하더라고!

K: 맞아. 말레이시아는 차의 사회야. 일본은 세계에서 고속 도로 요금 설정이 가장 비싼 나라야. 말레이시아의 약 5배 이상 더 비싸. 주차 비용은 말할 것도 없어. 땅값과 시즌에 따라 다르지만 일본에서 가장 비싼 주차장은 1시간에 100링깃이야. 말레이시아에서는 10링깃이라도 비싸게 느껴져. 하하. 또한 말레이시아는 E-payment가 매우 발달되어 있고 우리는 고속 도로 비용을 지불할 때 사용하는 Touch and Go를 통해 주차장 비용도 지불할 수 있지. 물론 Touch and Go를 받

지 않는 주차장도 있지만 일본보다 훨씬 발전되어 있는 느낌이야.

주차 요금표(Tropicana Gardens mall), 톨게이트 요금

G: 특히 말레이시아는 산유국이기 때문에 주유비가 굉장히 저렴하지. 2024년 리터당 주유비가 615원이니 차를 몰고 다니는 것이 경제적이야!

전반적으로 말레이시아의 물가는 확실히 일본과 한국보다는 저렴한 것이 사실이지만 자신의 선택에 따라 생활비가 천차만별로 차이가 나. 현지식으로 산다면 분명히 생활비가 적게 나가지만 아이를 국제학교에 보내고 외국인으로서 즐기고 생활한다면 생활비가 생각보다 만만하지 않다는 것을 알게 될 거야!

타이 오디세이 마사지 숍, 타이 오디세이 가격표

5. 말레이시아 볼레(Malaysian Boleh)

G: 카스미, 혹시 '말레이시아 볼레(Malaysia Boleh)'라는 말을 들어 본 적 있어?

K: '볼레'는 말레이시아에 살면서 우리가 자주 듣는 단어이지.

G: 응. 카스미가 말한 것처럼 볼레는 말레이시아 어디서든 쉽게 들리는 말이야. 데사파크를 벗어나 현지 로컬 지역에 가면 특히 많이 들리는 말이지. '볼레'는 말레이어로 '할 수 있다'라는 뜻인데 항상 여유롭고 긍정적인 태도를 가지고 있는 말레이시아 사람들의 성격을 잘 보여 주는 단어인 것 같아.

> **TIP**
> '볼레'라는 말에는 'Can'의 의미도 있지만 실생활에서는 'No problem', 'Okay'로 더 많이 쓰인다.

K: 맞아. 말레이시아 사람들에게 무언가를 부탁할 때 안 된다는 말을 별로 들어 본 적이 없어. 항상 웃으며 "볼레."라고 대답하지.

G: 맞아. 하지만 볼레에는 많은 의미가 담겨 있다는 것을 알아야 해. '무엇이든 가능하지만 시간이 오래 걸릴 수도 있고 안 될 수도 있어'라는 속뜻이 있어. 싫은 소리를 하지 못하는 말레이시아 사람들은 어떠한 요구나 부탁에도 안 된다는 말 대신 "볼레."라고 대답하지. 그리고 상대방의 이야기를 천천히 잘 듣고 가능하면 무엇이든지 해 주려고 하는 것 같아.

K: 그렇지. 정말 여유롭고 친절하지만 가끔은 '제발 안 되는 건 안 된다고 말해 줘'라는 생각이 들기도 하지.

G: 반면 한국은 '빨리빨리'라는 문화가 있어서 무엇이든 빨리하지 않으면 사람들의 눈총을 받는 부분이 있어. 그렇기 때문에 모든 서비스가 신속하고 정확한 편이야. 그리고 할 수 없는 부분에 대해서는 정확하게 상대방에게 이야기를 해야지만 뒤탈이 없지. 하지만 말레이시아는 모든 면에서 상대적으로 여유롭고 안 된다는 말을 하는 것에 익숙하지 않은 것 같아.

K: 나는 한국과 일본이 비슷하다고 생각하는데, 도시에 사는 사람들은 항상 시간에 쫓기고 시간 관리를 잘해야 한다는 강박 관념이 있는 것 같아. 예를 들어 만약에 기차가 예상했던 시간보다 늦게 온다면 사람들은 스트레스를 받을 거야. 그리고 길거리나 지하철역에서 사람들은 모두 빠르게 걷는 경향이 있어. 반면 말레이시아는 오전 10시에 약속을 잡으면 "볼레."라고 말하고는 10시 정각에 오는 경우가 거의 없어. 나로서는 이러한 상황들이 결코 '볼레'가 아니지. 하하.

G: 하하하. 맞아. 바로 며칠 전의 일인데, 부엌 선반의 문이 고장 나서 수리 기사에게 연락을 했어. 예약한 날 오전 10시까지 오기로 했지만 당연히 오지 않았지. 11시에 약속이 있어서 계속 전화를 해 보았지만 연결되지 않아 기다리다가 늦게 집에서 나갈 수밖에 없었어. 결국 그날은 오지 않았고 며칠간 연락이 없다가 갑자기 연락이 와서 오늘 가도 되냐고 물어보더라고. 하하. 심지어 당일에는 예약된 시간보다 30분 일찍 와서 조금 당황했지. 이제는 이러한 상황들이 익숙해지고 있어.

K: 그래. 우리는 조심할 필요가 있어. 그래서 우리는 그들이 정확히 이해하고 있는지 몇 번이고 확인하고 또 확인해야 해! 직원들에게 약속 시간에 대해 재확인 메시지를 보내는 것은 필수야. 또한 그들이 '볼레'라고 말할 때 그들의 표정을 잘 살피는 것도 중요해. 하하. 나는 처음에는 그들이 약속 시간에 맞춰 오지 않거나 당일 날 취소를 해 버리는 것에 대해 매우 스트레스를 받고는 했는데 이제는 좀 더 마음

이 열리고 여유로워졌는지 '볼레'가 아니어도 'It's okay'라는 생각이 들어. 그리고 이것이 진정한 '볼레'에 대한 해석이야.

G: 정확해! 안 되는 일에 대해 정확한 답변을 들을 수 없고 시간이 늦어지는 일에 대해서도 미리 얘기해 주는 법이 없지. 된다고는 말하지만 안 되는 일이 더 많은 사실은 염두에 두어야 할 듯! 하하. 하지만 그만큼 따뜻한 마음으로 도와주려는 사람들이 많다는 것도 잊지 말 것!

> **TIP**
>
> '볼레'는 말레이어로 '할 수 있다!'라는 뜻으로 1993년 싱가포르 SEA 게임 때 말레이시아 국가대표 스폰서였던 네슬레(Nestlé)의 마케팅 문구로 처음 사용되었다. 이후 정치적으로 '말레이시아는 (선진국의 지위를 달성)할 수 있다!'라는 캐치프레이즈로 사용되면서 '볼레'는 말레이시아에서 가장 중요한 단어가 되었다. 실제로 얼마 전 제95회 아카데미 시상식에서 말레이시아 출신 배우 양자경이 여우주연상을 수상하자 말레이시아에서 지인들과 시상식을 지켜보던 양자경의 어머니가 "Malaysia Boleh!"라고 외치는 모습이 생중계되었다.

6. 말레이시아는 안전한가요?

G: 카스미, 우리는 6년째 말레이시아에서 살고 있는데 안전한 나라라고 생각해?

THE DEADLIEST (& SAFEST) TRAVEL DESTINATIONS IN 2022
Based On The 50 Most Visited Countries

We calculated our **"Travel Safety Index"** by comparing seven different factors for the 50 countries most visited by tourists. The factors speak to the overall safety and wellbeing of the nation. All factors were given full weight (up to 100 points) except for the natural disaster risk score, which was given half weight (up to 50 points). The countries with the lowest score are deemed the least safe, and the countries with the highest score are the safest.

RATE PER 100,000 RESIDENTS

#	Country	HOMICIDE DEATHS		ROAD TRAFFIC DEATHS		POISONING DEATHS		DEATH FROM POOR HYGIENE CONDITIONS		COMMUNICABLE DISEASE LIFE YEARS LOST		INJURY LIFE YEARS LOST		NATURAL DISASTER RISK INDEX		TRAVEL SAFETY INDEX	
1	SOUTH AFRICA	36.4	F	22.2	F	1.7	F	13.7	F	23,776	F	5,331	F	9.4	F	-507.55	F
2	INDIA	3.1	D	15.6	C-	0.3	A-	18.6	F	11,801	F	3,970	F	42.3	F	-367.92	F
3	DOMINICAN REP.	10.0	F	64.6	F	0.4	B+	2.2	A	6,625	F	4,024	F	13.2	C	-316.77	F
4	MEXICO	29.1	F	12.8	C+	0.4	B+	1.1	C	3,247	F	3,786	F	37.6	F	-285.82	F
5	BRAZIL	27.4	F	16.1	C	0.2	A	1.0	C	4,838	F	4,280	F	12.2	C	-268.05	F
6	CAMBODIA	1.8	B-	19.6	D	0.5	B	6.5	F	10,236	F	3,294	F	8.4	B-	-254.74	F
7	PHILIPPINES	6.5	F	12.0	B-	2.2	A	4.2	F	7,841	F	2,793	D+	46.8	F	-243.41	F
8	SAUDI ARABIA	1.3	B+	35.9	F	0.8	D	0.3	A	2,274	D+	5,154	F	9.6	C+	-231.37	F
9	VIETNAM	1.5	B	30.6	F	0.9	D-	1.6	D	3,911	F	3,165	F	25.9	F	-229.64	D-
10	INDONESIA	0.5	A	11.3	B-	0.3	A-	7.1	F	7,588	F	2,125	B-	41.5	F	-226.46	D-
11	CHINA	0.5	A	17.4	D+	1.8	F	0.6	B	1,889	C	2,322	C+	28.7	F	-220.11	F
12	THAILAND	2.6	C	32.2	F	0.2	A	3.5	F	3,725	F	3,481	F	20.9	F	-209.24	D-
13	ROMANIA	1.3	B+	10.3	B-	1.9	F	0.2	A	2,342	D-	3,059	D-	3.2	A-	-203.54	D-
14	IRAN	2.5	C+	21.5	F	1.0	F	1.0	C	2,434	F	2,962	D	18.5	D-	-197.09	D
15	MOROCCO	1.4	B	17.0	D+	0.7	C	1.9	F	4,556	F	2,994	F	10.3	C+	-186.88	D
16	UZBEKISTAN	1.1	B+	11.7	B-	0.8	D	0.4	B+	5,634	F	3,202	F	1.7	A	-178.32	D+
17	KYRGYZSTAN	2.2	C+	12.7	C+	1.0	F	0.8	B-	4,161	F	3,023	D-	2.2	A-	-176.25	D+
18	MALAYSIA	2.1	B-	22.5	F	0.7	C	0.4	B+	3,727	F	2,587	C	4.7	B+	-176.17	D+
19	ARGENTINA	5.3	F	14.1	C	0.4	B+	0.4	B+	3,242	F	3,101	F	15.6	F	-169.06	D
20	UNITED STATES	5.0	F	12.7	C+	0.5	B	0.2	A-	1,597	B-	2,746	D+	22.7	F	-156.64	C
21	TUNISIA	3.1	D	16.5	D+	0.7	C	1.0	C	2,456	F	2,408	C+	9.9	C+	-155.72	C
22	EGYPT	2.6	C	10.1	B	0.2	A	2.0	F	3,642	F	2,632	C-	20.7	F	-150.02	C
23	CHILE	4.4	F	14.9	C	0.4	B+	0.2	A-	1,689	B-	2,607	C-	13.8	C-	-137.92	C+
24	U.A.E.	0.5	A	8.9	B+	0.4	B+	0.1	A	2,291	D	3,387	F	6.5	B	-126.26	C
25	BULGARIA	1.3	B+	9.2	B+	0.5	B	0.1	A	1,920	C	3,113	F	2.2	A	-125.09	C+
26	POLAND	0.7	A-	9.4	B	0.5	B	0.1	A	1,356	B+	3,080	D-	4.6	B+	-120.88	B-
27	TURKEY	2.6	C	6.7	B+	0.4	B+	0.3	B+	2,895	F	1,674	A	16.2	D	-119.26	B-
28	HUNGARY	2.5	C+	7.7	B	0.5	B	0.2	A-	1,292	A-	2,750	D+	1.0	A	-111.79	B
29	CANADA	1.8	B-	5.3	A-	0.3	A-	0.4	B+	1,255	A-	2,077	B	19.0	D-	-105.42	B
30	SOUTH KOREA	0.6	A	8.6	B+	0.4	A	1.8	D-	1,217	A-	2,440	C	10.5	C+	-105.19	B
31	CROATIA	0.6	A	8.0	B+	0.4	B+	0.4	B+	1,152	A	2,759	D+	4.9	B+	-102.20	B
32	AUSTRALIA	0.9	A-	4.9	A	0.1	A	0.1	A	939	A	2,613	C	21.4	F	-100.84	B
33	BELGIUM	1.7	B	5.8	A-	0.4	B+	0.3	B+	1,181	A-	2,476	C	4.2	B+	-96.78	B
34	CZECH REP.	0.6	A	6.0	A-	0.4	B+	0.2	A-	1,234	A-	2,794	D	1.0	A	-95.98	B+
35	FRANCE	1.2	B+	5.1	A-	0.4	B+	0.3	B+	1,015	A	2,306	B-	6.7	B	-91.92	B+
36	JAPAN	0.3	A+	3.6	A	0.2	A	0.5	B	957	A	1,901	A-	17.0	D	-82.02	B+

50개국 중 말레이시아는 18번째로 여행하기 위험한 나라로 선정되었다. 주된 이유는 자동차 사고와 전염병 때문이다. 한국은 30위, 일본은 36위(출처: Matthew H. Nash, The Swiftest, "The 50 Most (& Least) Deadly Travel Destinations", 2022. 12. 1.)

K: 말레이시아에 오기 전에 조사를 해 보니 말레이시아는 비교적 안전한 나라이지만 소매치기, 날치기, 강도 등을 주의할 필요가 있다고 했어. 사실 어느 나라를 가던지 다 같을 것 같은데, 가애는 위험한 상황이 있었던 적이 있어?

G: 나는 무서운 경험을 한 적은 없어. 하지만 나도 말레이시아에 오기 전에 소매치기를 조심하라는 이야기는 많이 들었어. 말레이시아 소매치기와 관련된 영상도 많이 봤지만 실제로 경험한 적은 없어. 사실 나는 소지품을 허술하게 들고 다니는 사람이라서(가방 지퍼를 매번 열고 다님) 준이 "제발 가방 지퍼 좀 잠그지."라고 충고를 하지.

K: 가애! 꼭 가방 지퍼를 닫아야 해! 하하.
내 친구 중의 한 명은 핸드폰을 손에 들고 있다가 지나가던 그랩 기사에게 날치기를 당한 적이 있어. 우리가 몽키아라에서 살 때 한 달에 몇 번 이런 종류의 이야기를 듣곤 했어. 강도 무리들에게 지갑을 소매치기당한 이야기를 내 친구에게 몇 번이나 들었어. 그래서 나는 이런 문제들이 다른 사람의 이야기가 아닌 우리도 당할 수 있는 일상 속에 들어와 있는 문제라고 생각해.

G: 친구도 그런 일이 있었다니. 실제로 빈번하게 일어나는구나! 나도 생활 속에서 조심해야겠다. 꼭 가방 지퍼를 닫고 다닐게. 하하. 하지만 말레이시아는 싱가포르처럼 강력 범죄에 대한 처벌이 엄하기 때문에 중범죄가 많지 않아. 하지만 이런 경범죄는 실제로 발생하니 조심해야

겠어. 그리고 유괴 이야기 역시 나는 몇 번 들었어. 타국에서 유괴라니! 생각하기도 싫군. 아! 카스미도 유마 한번 잃어버린 적이 있다고 했지?

K: 스쿨버스가 우리 콘도 근처의 하차 포인트가 아닌 다른 곳에서 유마를 하차시킨 상황이 있었어. 나는 원래 하차하던 곳에서 유마를 기다리고 있었고, 나의 아들은 약 20분 동안 실종 상태였어. 그때 많은 나쁜 일들이 떠올랐고 너무너무 걱정이 되었어. 나는 여전히 그 상황들을 생생하게 기억하고 있어. 울면서 나를 찾고 있는 유마의 얼굴을 절대 잊을 수가 없지. 사실 이것은 매우 드문 경우일 거야. 하지만 말레이시아에서는 스쿨버스를 타는 것이 흔하기 때문에 항상 조심해야 해. 일반적으로 대부분의 사람들은 아이들에게 친절하고 아이들이 놀 수 있는 놀이터가 어디에나 있어서 참 좋아.

야외 생활이 많은 데사파크

G: 실종된 20분 동안 너무 놀랐겠다. 말레이시아는 아이들도 많고 Kids friendly한 나라이지만 꼭 주의를 기울여야 해. 데사파크에는 공원이 있고 놀이터도 많이 있어서 아이들이 야외 생활을 많이 하잖아. 데사파크는 말레이시아의 다른 지역보다 안전하게 느껴지지만 역시 잘 지켜봐야 하지. 그리고 모기 이슈도 조금 걱정스러운 부분이야.

K: 아! 모기! 모기를 조심해야 하지. 놀이터에서 놀 때는 물론이고 외출할 때마다 모기 퇴치 스프레이를 뿌려야 해! 말레이시아에 온 지 6개월 만에 유마는 뎅기열에 걸렸었어. 처음에 열이 나서 병원에 갔는데 귀에 염증이 생겼다고 해서 약을 먹고 집으로 돌아왔어. 그런데 그 후 2~3일 동안 열이 났고 식욕도 떨어지고 심지어 코피도 멈추지 않았어. 나는 너무 무서워서 유마를 업고 병원에 갔는데 다시 체크해 보니 뎅기열이었던 거야.

G: 뎅기열인지 모르고 시간이 지나서 걱정이 많았겠다.

K: 우리가 처음에 병원에 갔을 때 그가 뎅기열에 걸렸다는 것을 알 수 없었던 이유는 뎅기열은 열이 난 지 3일이 지난 후에야 검사를 할 수 있기 때문이야. 그래서 그것은 병원의 실수나 그런 것은 아니었고, 때마침 귀에 염증도 있었기 때문에 납득할 만했어. 뎅기열에 걸렸을 때, 열이 한번 올라갔다가 다시 내려오고 다시 올라가고, 이러면서 피부에 좁쌀 모양의 발진이 나타나는데 이것은 회복의 신호야. 유마의 경우에는 뎅기열로 코피가 멈추지 않았어. 그는 일주일 동안 병원에 입원해 있었고 매우 쇠약한 모습으로 병원 침대에 계속 누워 있었어.

그는 특정한 약에 알레르기 반응이 일어나서 몸에 이상 반응이 왔었는데 그땐 정말 무서웠어. 하지만 병원에서 적극적으로 대응해 주어서 문제가 해결되었고 감사하게도 완쾌되었지.

곤충 퇴치제(일본 제품)

G: 정말 고생이 많았네. 데사파크에 건물을 짓고 있는 곳이 여러 곳 있어서 땅을 파는 과정에서 모기가 더 많아진 것 같아. 우리도 문 앞에 항시 모기 스프레이가 대기 중이지. 외출할 때마다 뿌리는데 혹시라도 잊어 먹는 날이면 어김없이 모기의 공격을 당해. 매일 모기를 마주할 때마다 동남아에 살고 있다는 것이 실감이 나!

K: 확실히 말레이시아는 다른 동남아 지역에 비해서 치안이나 중범죄를 크게 걱정할 필요는 없지만 잦은 소매치기나 모기에는 항상 주의를 기울여야 해!

주차장에 있는 Emergency button, AWAS!(조심!)

7. 아이들이 아파!

K: 일본에서는 병원을 미리 예약해도 진료를 받기까지 오랜 시간 기다려야 했어. 병원은 너무 바쁘고 정신없는 공간이었지. 그리고 대부분의 직원들은 사무적인 태도로 환자를 대했어. 한국은 어때?

G: 한국에서 대학 병원 예약을 하려면 시간이 좀 걸리는 편이야. 미리 해당 선생님이 있는 날짜를 선택한 후 유선상으로 예약을 하고 그 시간에 병원에 가서 대기를 해야 하지. 하지만 일반 Clinic의 경우에는 대기가 거의 없고 매우 빠르게 진료를 받을 수 있어. 한국의 의료 접근성은 OECD 중 1위를 차지하고 있어. 그래서 문제없이 모든 사람이 빠르고 저렴하게 진료를 받을 수 있어.

K: 일본의 시스템과는 달리 대기 시간이 짧아서 좋다. 말레이시아 의사들은 굉장히 Friendly하지 않아? 특히 아이들에게는 더욱더 그렇고. 한번은 진찰실로 들어가는데 마치 테마파크에 입장하는 것처럼 안내를 해 주며 환영해 준 의사도 있었어. 정말 놀라웠지.

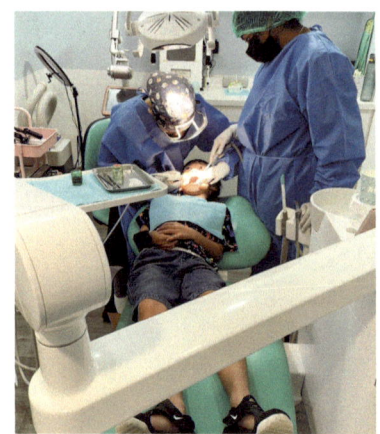 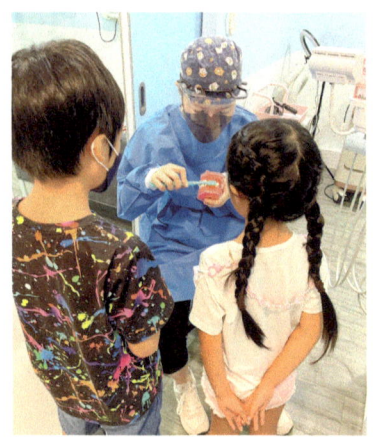

치과 치료, 친절한 치과 의사 선생님

G: 맞아. 말레이시아에서 만나 본 거의 대부분의 의료진이 친절했어. 우리 아이들은 감기에 걸리거나 치과 치료를 받아야 하거나 혹은 피부 트러블이 있을 때 등 대부분 데사파크에 있는 Clinic에 다니고 있어. 데사파크 내의 의료진들은 아이들이 무섭지 않게 밝은 분위기에서 치료해 주어서 거부감 없이 다니고 있어. 사실 며칠 전 아이들 방학 기간 동안 한국의 소아과와 피부과에 치료를 받으러 갔었는데 의료진들이 너무 사무적이고 권위적이어서 꽤나 놀랐었어. 한국에 있을 때는 별로 생각해 보지 않았었거든. 카스미는 주로 어떤 Clinic을 다녀? 그리고 어떤 경험이 있었어?

K: 증상이 가벼운 경우에 우리는 몽키아라에 있는 Nozomi Clinic에 다녀. 일본 의사에 의해 운영되는 Clinic인데 일본어로 의사소통이

가능해서 편하게 증상을 설명할 수 있어. 응급 상황인 경우에는 데사파크에 있는 병원을 이용하지. 아! 그러고 보니 가애의 아이들도 말레이시아에서 입원했던 경험이 있잖아. 어땠어?

G: 조아가 침대에서 뛰다가 떨어졌는데 침대 모서리에 부딪혀서 입술이 찢어졌었어. 그래서 데사파크 병원에 가서 수술하고 입원을 했었지. 입원하는 과정이 순조롭고 신속하게 진행되었어. 환경도 깨끗했고 생각보다 말레이시아의 의료 시스템이 잘되어 있구나 생각했지.

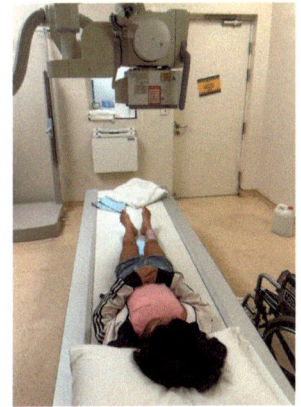

다리 다친 서린

K: 힘들었겠다. 그래도 이제는 조아의 상처가 모두 치료되어서 다행이네.

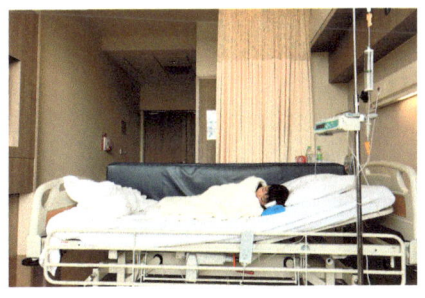

ParkCity Medical Centre에 입원 중인 유마

데사파크 병원 놀이터

우리 아이들은 뎅기열과 위장염 때문에 입원한 적이 있었는데, 재미

있는 것은 아이들이 고열이 나면 병원에서 에어컨 온도를 낮추어 방을 아주 차갑게 만들어서 체온을 낮추더라고. 일본에서는 열이 나면 몸을 더 따뜻하게 만들거든. 방이 너무 추워서 떠는 아들이 걱정되어서 에어컨 온도를 높이고 담요를 따뜻하게 덮어주었더니, 간호사에게 혼이 났었어. 결국에는 나도 아들과 함께 추운 방에서 지내다가 내가 열이 나고 말았지. 하하.

병원에서 놀고 있는 유마

G: 그랬구나. 급격하게 온도를 낮추면 아이가 너무 힘들 것 같은데.... 한국에서는 아이가 열이 나면 타월에 물을 적셔서 몸을 닦아 주고 방 안의 온도에 변화를 주진 않아. 중국 엄마가 말하기를 중국에서는 아이가 열이 나면 아이스크림을 준다고 하더라고. 하하. 각 나라마다 대응 방법이 모두 다르네.

상당히 자극적인 병원 음식들

K: 병원에서 제공하는 음식도 굉장히 충격적이었어. 데사파크 병원에서는 4가지 메뉴 중에서 자기가 원하는 것을 선택해서 먹을 수 있었어. 소화가 편한 음식도 있었지만 피자나 매운 해산물 요리도 있었어. 몇 가지 음식들은 조금 이해하기 어려웠어. 한번은 잘못 주문해서 매운 치킨 요리가 나왔는데 아이들이 전혀 먹지 못했지. 그리고 매 끼니마다 마일로가 나왔어. 일본의 병원에서는 항상 소화가 잘되는 건강식품만 제공하기 때문에 매우 충격적이었어.

G: 우리는 병원에 하루만 입원을 해서 병원 음식은 잘 기억이 안 나네. 한국의 병원에서도 아주 건강한 음식만 제공이 되는 것 같아. 간이 거의 없는 음식들이 제공되기 때문에 모두들 병원 음식을 싫어하지. 하지만 여기는 자극적인 음식이 나온다니 재미있다.

K: 의사와 의사소통은 원활하게 되었어? 데사파크의 ParkCity Medical Centre에는 다행히 일본어 통역사가 있어서 그녀에게 메시지를 보내면 그녀가 대신 예약을 해 줘. 게다가 진료를 받을 때도 우리와 의사 사이의 의사소통을 돕기 위해 통역을 해 주지. 그녀가 병원에 없는 날에도 온라인상으로 혹은 전화로 통역을 해 주어서 큰 도움이 돼. 의학 용어는 이해하기 어려워서 매번 ParkCity Medical Centre에 갈 때마다 그녀의 도움을 받고 있어. 한국어 통역사가 있는 병원과 Clinic이 있어?

G: 맞아. 나도 데사파크 병원에 한국어로 통역해 주는 분이 있다고

들었는데 우리는 한 번도 연락해 본 적이 없어. 왜냐면 우리는 항상 응급실만 이용했었어. 급한 상황만 있있거든. (눈물) 데사파크의 ParkCity Medical Centre에 있는 분은 중국계 말레이시아인인데 한국어에 능통한 아주 친절한 분이라고 들었어. 그 외에 암팡과 몽키아라, 방사, 선웨이 지역에 한국인 코디네이터가 있는 Clinic이 몇 군데 있어. 그리고 말레이시아는 대부분 영국이나 호주에서 학위를 받은 의료진들이 많기 때문에 다른 동남아와 달리 꽤 신뢰할 만한 의료 수준을 가지고 있어.

G: 의료비의 경우 병원의 재량에 따라 달라지기 때문에 이름이 있는 병원에서 진료를 받을 경우에는 꽤나 당황스러운 진료비를 경험할 거야. 그러나 대부분 말레이시아에서 오랜 기간 머물 경우 사보험을 가입하게 되는데 그렇다면 의료비를 심하게 걱정할 필요는 없어. 여행자 보험을 포함한 다양한 종류의 보험이 있으니 말레이시아에 머무는 기간에 맞추어 보험을 선택하면 돼!

Chapter 3:
Kid's life

1. 말레이시아 유학

G: 카스미! 요즘 한국에서 말레이시아 유학 혹은 말레이시아 어학 캠프 등이 점점 이슈가 되고 있어. 나도 실감하는 것이 한국에 있는 나의 몇몇 친구들이 말레이시아 생활을 궁금해하면서 연락이 많이 오더라고. 특히 아이들이 다니는 국제학교 분위기나 생활비, 치안 등을 궁금해하지.

K: 맞아. 나 역시 한국 사람들이 점점 많아지는 것을 느낄 수 있어. 데사파크에서 길을 걷다 보면 한국말이 많이 들려.

G: 주위를 둘러보면 외국인들이 말레이시아에 거주하고 있는 이유는 각양각색이야. 하지만 아이의 유학 때문에 말레이시아에 이주해 오는 사람들의 대부분은 한국 사람들인 것 같아. 특히 아이들을 위해 1~2년 정도 거주하기에 적합한 나라라고 생각하는 것 같아.

K: 말레이시아는 물가가 일본보다 상대적으로 저렴하고 치안도 나

쁘지 않지. 또 다민족, 다문화 환경이기 때문에 일본에서 말레이시아는 이주하고 싶은 나라 넘버원으로 매우 인기가 있어. 골프나 수영 등 여러 스포츠를 저렴한 가격에 즐기기 좋은 나라이다 보니 은퇴 이민으로 최고의 나라로 손꼽히지.

G: 일본인들은 자식들의 영어 교육에 한국 사람들과 달리 신경을 덜 쓴다고 들었어. 아이 유학 때문에 말레이시아로 이주를 오는 일본 사람들이 있어?

파닉스 배우기

K: 말레이시아 국제학교의 학비가 일본에 있는 국제학교의 3분의 1 정도이기 때문에 자녀 영어 교육을 위해 가족이나 혹은 아이와 엄마만 말레이시아에 오는 사람들도 있기는 해. 하지만 대부분 말레이시아에 있는 일본인은 주재원이 많아서 국제학교를 선택하는 가족이

많지 않아. 일본으로 돌아갈 것을 고려하여 일본인 학교를 선택하는 가정이 더 많은 것 같아. 하지만 대부분의 한국인들은 말레이시아에서 국제학교를 보내는 것 같아. ISP(International School Parkcity) International day에 모국의 옷을 입고 퍼레이드 하는 이벤트가 있는데, 한국인이 많아서 놀랐어! 하하.

G: 확실히 일본인 가족은 대부분 주재원으로 온 경우가 많고 한국인은 다양한 이유로 말레이시아에 오는 것 같아. 주재원으로 발령되어 온 가족이 함께 온 경우, 아이 유학을 위해 엄마만 아이들을 데리고 온 경우, 혹은 사업 때문에 온 경우, 우리 가족처럼 맨땅에 헤딩하러 온 경우 등등 다양한 가족들이 있어. 특히 말레이시아는 영어 사용이 일반적이고 중국어도 쉽게 접할 수 있다는 장점이 있지. 또한 선택할 수 있는 국제학교도 많고 국제학교를 보내지 않더라도 중국 학교, 일본 학교, 한국 학교 등 다양한 선택권이 있어. 그래서인지 많은 한국인들이 말레이시아 유학을 선택하는 것 같아. 학교 International day에 한국인들이 정말 많아서 나도 깜짝 놀랐어. 말레이시아인 다음으로 많은 것 같아. (당황)

K: 일본은 고등학교나 대학교에서의 해외 유학이 많지만 한국은 초등학교 전부터 유학을 선택하는 가정이 많아서 큰 차이를 느꼈어. 아빠는 한국에서 돈을 벌고 엄마만 아이를 데리고 오는 사람들도 굉장히 많잖아. 처음에 주저하면서 말레이시아에 온 나로서는 그들의 행동력이 정말 존경스러워.

G: 한국의 경우 한국 안에서 경쟁을 해서 한국의 명문대를 가는 것보다 외국 거주자 전형과 같은 제도를 통해 명문대를 가는 방법이 훨씬 쉽기 때문에 어린 시절에 유학을 하는 경우도 많이 있어. 카스미가 말한 대로 한국에 있는 국제학교보다 학비도 저렴하고 상대적으로 많은 수의 국제학교가 있기 때문에 각자의 상황과 요구에 맞게 학교를 선택할 수 있지. 우리가 말레이시아에서 선택할 수 있는 학교는 크게 국제학교, 지역 학교(말레이시아 국립학교가 아닌 사립학교만 가능), 한국인/일본인 학교 이렇게 세 가지로 나눌 수 있을 것 같아.

K: 그렇다면 다음번에 말레이시아에 있는 국제학교에 대해 이야기를 나누어 보자!

2. 말레이시아 국제학교

G: 카스미! 말레이시아에서 우리는 아이들을 국제학교에 보내고 있잖아. 현재 카스미의 아이들은 이유가 있어서 일본 학교로 옮겼지만 처음에 왜 국제학교를 선택했어?

K: 일본에서 말레이시아로 와서 처음에는 아이들을 일본인 학교에 보내려고 했어. 그래서 일본 학교에 견학도 갔었지.

일본 학교

하지만 어렸을 때부터 영어를 접할 기회가 많았던 남편이 나를 설득했어. 말레이시아에 주재하게 되어 아이들이 영어를 배우기 좋은 환경이 되었으니 우선 국제학교를 선택해 보자고 말이야. 하지만 엄마인 내가 영어를 잘하지 못하는데 아이들을 국제학교에 보낸다면 내가 아이들에게 도움을 줄 수 없다는 것이 걱정이 되었어. 또한 선생님이나 학부모들과도 소통을 해야 하는데 나의 언어 문제 때문에 잘 적응할 수 있을까도 마음에 걸려서 고민했어. 하지만 영어를 배우고 다양한 국적의 친구들을 사귈 수 있는 아이들의 기회를 뺏고 싶지 않아서 국제학교로 결정했지. 가애는 왜 국제학교를 선택했어?

G: 우리는 처음부터 국제학교만 고려했어. 영어를 배우는 것도 중요하지만 그것보다 한국과는 다른 교육을 접하게 해 주고 싶었거든. 자신의 의견을 내고 발표하는 수업으로 스스로를 성장시킬 수 있는 교

육을 원했어. 또한 어린 나이일수록 많은 액티비티를 해 봐야 한다고 생각했어. 그래야지 자기 자신이 좋아하는 것이 무엇인지 알 수 있을 테니까. 그래서 액티비티 수업이 많은 말레이시아의 국제학교들만 알아보았어. 나 역시 영어가 능숙하지 않은 엄마였지만 새로운 환경에서 도전을 할 수 있다는 것이 좋았어. 많은 것을 배워 볼 수 있는 기회가 될 수 있으니까.

K: 그랬구나. 말레이시아의 국제학교에서는 영어뿐만 아니라 세계에서 영어 다음으로 많이 사용되는 중국어를 배울 수 있는 것 역시 큰 장점이라고 생각해.

중국어 배우기

말레이시아 전역에 약 180개의 국제학교가 있고, 그중 쿠알라룸푸르 근교에 약 80개의 학교가 있어. 영국식, 미국식, 호주식, 캐나다식 등의 다양한 커리큘럼을 가지고 있는 국제학교가 있지. 학비를 보면

(1년 기준) 연간 약 12,700링깃(3,810,000원)에서 약 108,500링깃(32,550,000원)으로 큰 차이가 있지(세컨더리는 약 1.5배에서 2배 이상 학비가 올라간다).

G: 맞아. 말레이시아에는 국제학교가 참 많아. 그래서 각각 학교의 프로그램, 학비, 분위기 등을 비교해서 학교를 선택할 수 있다는 장점이 있어. 한국은 외국인 학교와 국제학교 두 가지로 분류되는데 외국인 학교는 한국에 거주하고 있는 외국인을 대상으로 만든 학교로 한국 학생 인원 제한이 있기 때문에 외국인 비율이 높아. 하지만 국제학교는 대부분이 한국인 학생으로 구성되어 있지. 또한 한국에서는 인가된(한국 학력과 외국 학력 모두 인정해 주는) 국제학교가 8개밖에 되지 않아. 비인가 국제학교를 보내다가 한국 대학교를 보내기 위해서는 아이가 검정고시를 또 한 번 치러야 하지. 물론 비인가 학교 중에서도 좋은 선생님과 좋은 시설을 가진 학교들도 있지만 이름만 국제학교인 곳도 많이 있어. 일본의 국제학교는 어때?

> **TIP**
>
> 한국의 인가된 국제학교: 송도 채드윅, 송도 CMIS, 청라 달튼, 대구 DIS, 제주 KIS, 제주 BHA, 제주 NLCS, 제주 SJA

K: 일본도 허가된 국제학교가 아니면 고등학교 졸업 자격을 받을 수 없어. 그래서 자격증(국제 바칼로레아, 아비투어, GCEA, WASC, CIS, ACSI, NEASC)이 없으면 일본의 대학을 입학할 수 없다고 해.

일본 내에서 일본 고등학교 이외에 자격증을 취득할 수 있는 학교는 63개교가 있고, 그중 국제학교가 31개교 있어.

G: 한국의 국제학교는 수가 적기도 하고 학비도 말레이시아에 있는 국제학교들보다 높기 때문에(평균 연간 2,637만 원) 국제학교를 보내는 것이 쉽지 않아. 일본도 마찬가지일 것 같아.
그리고 말레이시아는 영국의 지배를 받던 나라이기 때문에 국제학교도 영국 커리큘럼인 곳이 압도적으로 많아. 한국은 반대로 미국식 학제를 따르는 국제학교가 대부분이거든. 우선 우리가 거주하고 있는 KL 지역을 보면 미국식 국제학교인 ISKL(The international school of Kuala Lumpur), MKIS(Mont Kiara international school) 그리고 신생 학교인 OASIS International school을 제외하고는 영국식 학제의 국제학교가 대부분이야.

몽키아라 국제학교

K: 그래. 대부분 영국계 학교지. 고급 주택가 지역이나 시내에 있는 국제학교는 회사에서 학비 지원이 나오는 주재원 자녀들이 타깃이고 원어민 선생님 비율이 높아서 학비가 비싼 편이지. 반대로 로컬 선생님이 많은 학교는 학비가 상대적으로 저렴해. 하지만 교육의 질은 가격과 비례하는 것은 아니라고 생각해.

처음 영어 환경에 아이가 입학할 경우 ESL(English as Second Language)이라는 영어 실력 강화반이 있는 학교와 없는 학교가 있으니 선택할 때 체크하면 좋지. Nursery나 Reception에 입학할 학생들은 ESL이 필요 없지만 말이야.

G: Nursery나 Reception, 혹은 Primary 저학년의 경우에는 입학이 까다롭지 않고 입학 후에 학교의 ESL 프로그램을 이용할 수 있기 때문에 적응하는 데에 큰 문제는 없을 거야. 하지만 Primary 고학년이나 Secondary로 입학을 할 경우는 영어를 못한다면 입학도 힘들고 적응하는 데에 어려움을 겪을 수 있어. 하지만 상황에 따라 다르고 의지에 따라 다르기 때문에 미리 걱정할 필요는 없어. 카스미, 말레이시아에는 다양한 국제학교가 있잖아. 처음에 어떤 학교들을 찾아 보고 방문해 보았어?

학교 방문 시 찍은 사진

K: 우리는 처음 거주했던 지역(몽키아라)에서 다닐 수 있는 범위의 국제학교를 인터넷으로 검색했어. 그러고 나서 학교의 분위기와 학비를 조사했지. 말레이시아 이주 전에 미리 시찰을 간 남편이 가장 관심이 있었던 ISP와 GIS를 방문했어. 학교 사진이나 커리큘럼을 체크한 후 가족 모두 ISP를 방문했는데 아이들도 나도 ISP 시설이나 선생님, 주변 환경이 마음에 들어서 ISP를 선택했어.

가든 국제학교

G: 여러 가지 조건들을 확인하고 비교해서 학교를 선택할 수 있는데 중요하게 체크해야 할 사항들이 있잖아. 카스미는 어떤 부분을 중점적으로 본 거야? 다음과 같은 체크 사항들이 있겠지.

- 아카데믹한 학교를 원하는가? 자유로운 분위기의 학교를 원하는가?
- 원어민 선생님의 비율은 얼마인가?
- 한국 학생의 비율은 얼마인가?
- 예상하고 있는 학비가 얼마인가?
- 학교가 있는 지역이 안전한 곳인가?
- 커리큘럼은 어떠한가? (수업 스타일과 평가 방식)
- 제2 외국어의 비중은 어느 정도인가? (매일 중국어 수업이 있는 학교도 있고 일주일에 한 번 수업 있는 학교도 있다.)
- 학교 시설이 어떠한가? (적합한 운동장, 수영장, 도서관, 식당이 있는가?)

K: 가정마다 어디에 중점을 두는지는 각각 다르지만, 우리 같은 일본인이나 한국인이 국제학교를 선택한다는 것은 아이가 영어를 배웠으면 하는 마음이 큰 것이 사실이지. 나는 원어민 선생님의 비율이 높고 밝은 분위기의 학교를 선택하고 싶었어. 그래서 우리는 원어민 선생님이 많고(메인 선생님은 100% 원어민 선생님) 교구와 놀이기구가 충
실해서 아이들을 설레게 하는 컬러풀한 학교인 ISP를 선택했어. 가애는 어떻게 생각해?

G: 학교 분위기는 꼭 체크해야 할 부분이지. 우리는 아이들이 아주 어릴 때(2살, 5살) 말레이시아에 왔기 때문에 학업 성취도 부분은 고려하지 않았어. 아이들이 밝은 분위기에서 자유롭게 생각하고 표현할 수 있는 학교를 원했어. 그리고 학교 근처의 거주 환경도 중요하

게 보았지. 우리 가족은 강아지와 함께 살고 있어서 데사파크가 최선의 선택이었거든. 학교가 거주 지역과 너무 동떨어져 있거나 학교 주위가 모두 도로가나 번화가에 위치한 곳은 피했어. 그리고 국제학교를 선택했기 때문에 원어민 선생님의 비율이 높은 곳을 선호했어.

K: 학교 주변 환경이나 치안은 매우 중요하지. 그리고 교내 시설 체크! 예를 들어 체육관이나 교정이 있는지, 도서관 책은 충실한지, 식당이나 스쿨 런치 내용 등 전체적으로 교내가 청결한가 하는 것도 나는 중요했어. 우리 아이들은 감기에 잘 걸리고 장이 약했거든. 하하.

BSKL 축구장, ISP 수영장, ASIA 달리기 트랙

G: 맞아. 2018년도에 입학했을 때 서린이가 EYC(Early Year Center)에 입학해서 EYC 교정만 확인했었는데 운동장이나 수영장, 도서관 등의 시설이 제대로 잘 갖추어져 있지 않았다면 아쉬웠을 것 같아. 그렇다면 다음번에는 우리 아이들을 보내고 있는 ISP(International School Parkcity)에 대해 이야기를 나누어 보자!

> **KL에 있는 국제학교들에 대한 한줄평(주관적인 기준)**
>
> ISKL(The International School of Kuala Lumpur)
> - 최고의 시설, 최고의 교사진, 최고의 학비!
> GIS(Garden International School)
> - 한인타운인 몽키아라에 위치한 A-Level의 최강자!
> ASIA(Alice smith International School)
> - 말레이시아에서 가장 오래된 격조 있는 전통 영국식 학교
> Fairview International School, Kuala Lumpur
> - 말레이시아 전역에 6개의 캠퍼스가 있고 한국 대사관이 있는 암팡 지역에 위치한 학교
> MKIS(Mont'Kiara International School)
> - 몽키아라에 위치한 미국 커리큘럼을 따르는 소규모 학교
> BSKL(The British International School KL)
> - GIS와 함께 최고의 성적을 내고 있는 신생(14년 된) 학교
> St. Joseph's Institution International School Malaysia
> - 싱가포르 명문 학교의 형제 학교로 가톨릭 재단의 학교
> ISP(The International School ParkCity)
> - 거주 환경이 좋은 데사파크에 위치한 자유로운 분위기의 학교
> ELC International school
> - 아카데믹한 학교를 원한다면 이곳으로!

3. ISP(International School Parkcity)

G: 카스미, 우리는 서린이와 유마가 Reception(유치원 과정)에 입학할 때 신입생을 위한 오리엔테이션에서 처음 만났지. 선생님들이 하는 말은 잘 들리지 않고 익숙하지 않은 환경에서 태연한 척하고 있었지만 상당히 긴장하고 있었어.

K: 벌써 6년 전이네. 그립다. 낯가림이 심한 나에게 가애와 준이 말을 많이 걸어 준 것을 기억해. 나도 오리엔테이션에서의 설명은 귀에 잘 들어오지 않았어. 하지만 웃는 얼굴의 밝은 선생님이 유마의 담임 선생님이 되어서 긴장이 조금 풀렸었어.

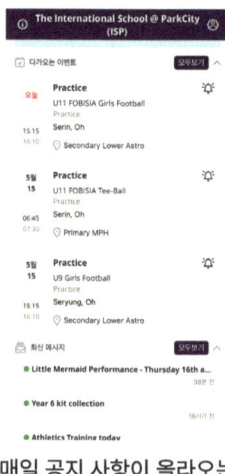

매일 공지 사항이 올라오는 앱 체크는 필수

G: 맞아. 밝고 아름다운 미소를 가진 선생님을 만나서 안심했지. 그리고 처음에 학교 시스템을 잘 몰라서 허둥지둥 실수를 많이 했어. 매번 학교 앱으로 공지 사항을 확인해야 했는데 잘 몰라서 준비물이나 이벤트를 챙기지 못했던 일이 있었어. ISP는 거의 한 달에 한 번 꼴로 이벤트가 있잖아. 어찌나 속이 상하던지 그다음부터는 꼭 공지 사항을 잘 읽어 보려고 노력하고 있어. 하하.

K: 각종 이벤트와 Dress up day가 많아서 앱 체크는 중요하지. 나는 선생님이 아이의 사진을 올려 주는 앱의 비밀번호를 매번 잊어버려서(메모하면 되지만) 몇 번이나 물어봤었어. 하하.

Wow day 할머니 분장

G: 하하. 나 역시 비밀번호를 자주 잊어버려서 매번 다시 생성하곤 했지. 그런데 유마는 어떻게 ISP에 입학하게 된 거야? 말레이시아에는 많은 국제학교들이 있잖아. 그중에서 ISP를 선택한 이유가 무엇이야?

ISP EYC, EYC 놀이터, 수시로 바뀌는 놀이 교구

K: 당시 우리는 브리티시 학교를 찾고 있었고 원어민 선생님이 많은 학교를 찾았어. ISP의 EYC(Early Years Centers)를 방문했는데 교구가 잘 갖춰져 있고 교실 안에 로프트처럼 은신처 같은 공간이 있었어. 장난감, 쿠션, 텐트 등이 있어서 어른인 나도 설렜어. 아이들의 웃음이 가득한 자유로운 느낌이 들어서 마음에 쏙 들었지. 그리고 학교 주변은 온통 초록초록 한 자연으로 둘러싸여 있고 보도가 잘되어 있어서 '여기구나!'라고 생각하며 ISP로 결정했어. 가애네 가족은 어땠어?

G: 우리는 말레이시아 답사를 할 때 몇 군데 국제학교를 가 보았어. 학교의 전통도 오래되었고 좋은 결과를 내고 있으면서 학비도 저렴한 곳을 방문했는데 건물이 어둡고 밝은 분위기가 아니어서 마음에 들지 않았어. 그리고 다른 한 곳은 상업적인 느낌을 받아서 내키지가 않았어. 마지막으로 데사파크에 오게 되었는데 강아지 산책을 시킬 수 있는 큰 공원도 있고 지대도 높아서 안전한 곳이라고 생각했어. 그리고 데사파크에 있는 ISP EYC를 방문했는데 규모도 아담하고 수영장과 놀이터가 예뻐서 참 좋았어. 아이들의 밝은 얼굴과 웃음소리도 크게 한몫했지. '여기다!'라는 생각에 결국 방문을 예약했던 다른 국제학교를 취소했어.

K: 신나는 놀이기구가 있는 정원이 있는 것도 매력 중 하나지. 내가 EYC에 다니고 싶은 마음이 들었으니까. 하하.

G: 정말이야. 나는 아이들에게 '너희는 이렇게 자유롭고 좋은 학교를 다녀서 정말 부럽다'라고 자주 얘기하곤 해. 학교 안에 재미있는 교구들이 많고 자유롭게 놀이터에서 놀며 공부를 하지. 말 그대로 놀이를 통한 교육을 하니까 아이들이 학교를 정말 좋아하고 스트레스가 없어. 우리 아이들은 EYC를 졸업하고 year3, year5가 되었지만 여전히 학교를 사랑하고 있어.

K: EYC 교구는 거의 매주 새로운 것으로 교환하기 때문에 아이들이 질리지 않고 새로운 놀이를 할 수 있어. 어떤 날은 밀가루 놀이를 하

고 또 다음 주는 물놀이를 해. 오감을 발달시킬 수 있는 다양한 놀이로 구성하지.

그래서 아이들은 매주 설레는 마음으로 학교를 다닐 수 있었어. EYC를 졸업하고 year1부터는 메인 캠퍼스에 가는데 교과서를 사용하지 않아서 소지품이 매우 단순해. 일본의 1학년 학생들은 란도셀이라고 불리는 초등학생 가방에 매일 사용하는 교과서, 노트, 필통 등을 넣은 무거운 가방을 메고 걸어서 등교해. ISP 아이들은 도시락, 물병, 필통, 아이패드(year3부터)뿐. 한국도 일본이랑 비슷해?

NEXT WEEK'S LEARNING FEATURES

ENGLISH: Looking at vocabulary for an Adventure story and planning a class story
MATHS: End of Unit assessment Statistics: Draw and interpret line graphs
HUMANITIES: The History of Space Travel
OTHER AREAS: Digital Skills: Using Google Earth with Year 1

HOMEWORK

English Vocabulary Booster
Maths Finding the area of shapes

year5 weekly news에서 다음 주 공부할 내용과 숙제

G: 대안학교 같은 특별한 학교를 제외하고 일반 한국 학교에서는 모두 교과서를 사용하지. 일본과 똑같아. ISP에서는 교과서가 없으니 아이들이 어떤 공부를 하고 있는지 잘 파악이 안 되기는 해. 물론 매주 금요일마다 학교에서 이번 주에 어떠한 공부를 했고 다음 주에 어떤 것을 공부할지를 공지하지만 한국식 교육이 익숙한 나로서는 전체 커리큘럼을 이해하기가 어렵더라고. (눈물) 대체로 Primary 저

학년 때는 학교에서 주(Week)마다 책을 한 권씩 골라 그것과 관련된 정보를 통합적으로 배우는 것 같아. 프로젝트 형식으로 수업이 진행되는 것이 한국의 교육과 큰 차이가 있지.
아! 카스미는 ISP에 등록할 때 어떠한 과정을 거쳤어? ISP에는 입학시험이 있잖아.

K: 당시 유마는 말레이시아에 온 지 6개월 정도 되었고, EYC 입학 전에 몽키아라에 있는 유치원을 다녔기 때문에 선생님의 간단한 말은 이해할 수 있었어. 그리고 본인 이름만 영어로 쓸 수 있는 수준이었지. ISP EYC는 아이가 부모님과 떨어져 지낼 수 있는지, 선생님의 말을 얼마나 이해하고 있는지, 얼마나 자립적인지를 확인해. 에레나 역시 교실에 적응시키기 위해 나와 함께 수업을 참여한 후 바로 입학했어. 가애의 아이들은 어땠어?

G: 똑같아. ISP EYC의 경우에는 30분 정도 아이를 학교 수업에 참여시키면서 이 아이가 학교에 잘 적응할 수 있는지 정도만 파악하지. 그래서 서린이도 바로 학교에 입학할 수 있었어. ISP는 형제자매가 재학생일 경우 시험 없이 바로 입학할 수 있기 때문에 조아 역시 테스트 없이 바로 입학할 수 있었어. 코로나로 인해 학생 인원수가 줄었었는데 지금은 입학하기 위해 대기를 해야 한다고 들었어. 하지만 ISP Primary를 위한 새로운 캠퍼스가 2023년 8월에 오픈했기 때문에 더 많은 학생이 입학할 수 있을 거야.
그리고 우리 아이들은 ISP EYC에서 Primary로 시험 없이 바로 올라갔지만 Primary 입학 시에는 각 학년에 맞는 Placement test를 치러야 해. 2시간 정도 영어와 수학 테스트를 한 후에 인터뷰를 진행한다고 들었어. 그리고 ISP는 만 5세(Year1)부터 학생 비자가 나오기 때문에 EYC에 입학하기 위해서는 부모의 Work permit 비자 혹은 MM2H 비자를 받아야만 입학이 가능하지. 카스미는 Work permit 비자를 가지고 있지?

K: 응, 우리는 주재원으로 말레이시아에 와 있어서 Work permit 비자를 소지하고 있어. MM2H로 입학하는 사람도 많은데 일본인보다 한국인이 더 많이 MM2H 비자를 소지하고 있는 것 같아.
시험 결과 영어 실력이 충분하지 않아도 <u>학교의 EAL(English as an Additional Language) 코스</u>의 도움을 받을 수 있어. 전학 왔을 경우 같은 반 학생 중 한 명이 그 아이의 학교 안내자로서 학교생활이 익숙해질 때까지 도와준다고 들었어. 그런 제도가 있으면 부모도 아이도 안심하고 학교에 다닐 수 있지.

G: 우리 가족은 MM2H(Malaysia My 2nd Home) 비자로 말레이시아 왔어. 10년간 머무를 수 있는 비자로 만료 후에는 연장이 가능해. 2019년 이후 중단되었다가 2024년 현재 조건이 변경되었어. 등급별로 예치금이 다르고 말레이시아 내에 집을 꼭 구매해야 되는 것으로 바뀌었어.
카스미는 ISP 학교의 가장 큰 장점이 뭐라고 생각해? 내가 가장 좋아하는 부분은 창의성을 중시하는 수업 방식이야. 영어 수업은 매주 한

권의 책을 정해서 그것을 같이 읽고 토론하며 다시 자신의 스토리로 만드는 과정으로 수업을 진행하지. 정해진 커리큘럼이 있는 한국식 국어 교육과는 다르게 동화책으로 수업을 진행하는 것이 매우 신선했어. 그리고 이런 수업 방식을 통해 아이들이 쉽게 책과 친해질 수 있고 자신의 생각을 정리하는 데 아주 좋은 방법이라고 생각해. 그리고 내 딸들은 체육과 음악, 수영, 미술 등의 예체능 수업을 아주 좋아해. 점수를 받기 위한 수업이라기보다 정말 아이들이 즐길 수 있는 수업을 하는 것 같아. 아이들과 선생님이 모두 어우러져 게임하면서 운동을 하고 도레미부터 배우는 것이 아니라 좋은 노래를 듣고 부르면서 음악을 즐길 수 있게 하지.

Oxford Levels and Book Bands
Use the table below to find out which Oxford Level is best suited to your child.

Year group	Age	Oxford Level	Book Band
Nursery	Up to 4 years old	1	Lilac
		1+	Pink
Reception / Primary 1	4-5 years old	1	Lilac
		1+	Pink
		2	Red
		3	Yellow
Year 1 / Primary 2	5-6 years old	4	Light blue
		5	Green
		6	Orange
Year 2 / Primary 3	6-7 years old	7	Turquoise
		8	Purple
		9	Gold
		10	White
		11	Lime
		12	Lime +
Year 3 / Primary 4	7-8 years old	9	
		10	Brown
		11	
		12	
		13	Grey
Year 4 / Primary 5	8-9 years old	14	
		15	Dark blue
		16	
Year 5 / Primary 6	9-10 years old	17	

Oxford Reading Tree Level

K: 나도 동의해. ISP는 아이들이 즐길 수 있는 수업을 하고 있고 아이들의 좋은 점을 발견하고 칭찬을 많이 해 주지. 일본은 모두가 같은 수업을 듣고 모두 같은 속도로 수업이 진행돼. 하지만 ISP는 아이들이 잘하는 것이 있으면 레벨 업을 할 수 있어. 예를 들어 Reading 숙제가 있는데 레벨에 따라 읽는 책이 다 다르고 그들이 열심히 하면 앞선 수준의 책을 읽을 수 있지. 그리고 에레나가 EYC에 다닐 때 책장 위에 올라가서 담요를 깔고 뒹굴면서 책을 읽고 있었어. 일본이라면 선생님이 '위험하니까 내려와'라고 하거나 '거기는 올라갈 장소가 아닙니다'라고 말했을 거야. 하지만 선생님은 "그녀는 어떤 장소에서도 편안하게 책을 즐긴다."라고 말해 주었어. ISP를 선택하길 잘했다고 생각한 순간이었어.

G: 생각하지 못했던 부분인데 ISP는 수준별 수업을 하고 있네. 한국 역시 일본과 마찬가지로 학생들의 수준과 상관없이 모두 같은 수업을 받아. 하지만 ISP는 과목별로 아이들의 수준에 따라 반을 나누고 모두 학생의 수준에 맞는 Reading 책을 받아. 하지만 수준별로 반(영어, 수학, 중국어, 바하사)을 나눈다고 해서 잘하는 아이들이 자만심을 가지거나 못하는 아이들이 우울해하지 않아. 오히려 전혀 신경을 쓰지 않지. 비교하지 않고 본인에게 초점을 맞추기 때문에 아이들이 행복하게 학교에 다니고 있는 것 같아. 물론 엄마들은 신경을 쓰고 있는 것 같지만 말이야.

치어리딩 CCA 공연

K: CCA도 굉장히 알차지. 많은 선택지 중에서 스스로 선택하여 도전할 수 있다는 것이 매우 멋지고, 그 과정을 통해 좋아하는 것이나 잘하는 것을 찾을 수 있어. 다른 학년 아이들과 CCA 활동을 할 수 있는 것도 아주 좋은 자극이라고 생각해.

Friday	After School	3:10pm - 4:10pm	1- 5	Football Skills by D'Skills Academy	RM 550
			6 - 9	Football Skills by D'Skills Academy	RM 550
			2 - 13	Tae Kwon Do	RM 250 (uniform RM 90)
			3 - 6	D Animation (iPad app to download Animation Desk]	RM 880
			4 - 8	Engineering Club	RM 660
			3 - 11	Beginner Chess	RM 550
			3 - 13	Competitive Chess	RM 715
			1-6	Rhythmic Gymnastics (Beginner)	RM 770 (RM 150 Attire)

금요일에 선택할 수 있는 CCA들

G: 그래. 방과 후 활동인 CCA의 종류가 다양하다는 것도 큰 장점이야. CCA는 학교 선생님들이 이끄는 활동(무료)과 외부 강사를 초빙해서 하는 활동(비용 지불)으로 나뉘지. CCA가 있는 날은 4시 15분에 하교하기 때문에 엄마들의 자유 시간이 길어진다는 장점도 있어 (가장 좋은 부분? 하하). 학년마다 다르지만 총 40개가 넘는 클럽이 있으니 선택지가 꽤 다양하지.

CCA 외에도 모닝 스포츠 팀이 있어. 수영, Cross country, Athletic,

축구, 농구, 배드민턴 등의 팀이 있는데 테스트를 본 후에 참가할 수 있지.

ISP에서 열린 AIMS 수영 대회, GIS에서 열린 AIMS 축구 대회

서린이는 수영, Athletic, 축구팀이고 조아는 달리기팀과 축구팀에 속해 있는데 일주일에 3번 아침 6시 30분까지 학교에 가서 운동을 해야만 해. 훈련뿐만 아니라 각종 대회에 참석하느라 바쁜 나날을 보내고 있어.

ISP 스위밍 갈라, Fobisia 수영 대회 in Phuket

K: 서린이와 조아는 아침 일찍 일어나 적극적으로 활동에 참여하고 있는 건강한 아이들이야! 6시 30분까지 학교에 갈 경우 도시락은 어떻게 해? 도시락을 싸 갈 수도 있고 뷔페 형식의 스쿨 런치를 선택할 수 있지? 예전에 유마는 스쿨 런치를 싫어해서 매일 도시락을 싸 갔는데 스쿨 런치는 충실해?

스쿨 런치, 학교에 가지고 가는 간식(점심 전에 간식 시간이 있음)

G: 맞아. 아침에 도시락을 싸는 건 너무 힘들어. 6시 30분에 나가야 하니 나는 5시에 일어나서 식사 준비를 해야 해! 아이들에게 매일 스쿨 런치를 먹으라고 했지만 서린이가 스쿨 런치를 좋아하지 않아서 우리는 합의를 보았어. 오전 연습이 있는 3일은 스쿨 런치를 이용하고 나머지 2일은 내가 도시락을 싸 주기로 말이야. 학교에서 제공하는 스쿨 런치는 뷔페 형식인데 아시안식, 서양식, 베지테리안식으로 나누어져 있어. 스쿨 런치나 홈 런치를 기호에 맞게 선택할 수 있다는 것은 좋은 것 같아. 유마와 에레나는 학교에 잘 적응했었어? 아이들이 학교생활에 적응하는 것이 무엇보다 중요한 문제잖아.

에레나와 조아

K: 유마는 EYC에 입학하고 나서 약 한 달 동안 매일 아침 교실에 도착해서 나와 떨어질 때 울었어. 하지만 내가 교실을 떠난 후, 곧 울음을 멈추고 친구들과 놀기 시작했다고 선생님이 알려 주셨어. 선생님들이 앱에 올려 주는 EYC에서의 사진 속에서 항상 유마의 눈은 반짝반짝 빛났고 즐거워 보였어. 에레나는 Nursery에 체험 입학 했을 때 조아가 에레나와 많이 놀아 줬기 때문에 EYC가 즐거운 장소라는 것은 알고 있었지. 입학 첫날에 에레나가 오랜 시간 운다고 선생님에게 전화가 와서 황급히 데리러 갔었어. 그런데 에레나는 나를 보더니 "엄마, 왜 왔어?" 하면서 당당한 얼굴을 하며 교실로 들어갔어. 서린이와 조아는 어땠어?

G: 서린이는 유마와 마찬가지로 ISP EYC의 Reception부터 ISP 생활을 시작했어. 영어를 전혀 하지 못하는 수준(간단한 인사 정도만 가능)에서 입학을 한 상태라 매우 걱정을 많이 했어. 하지만 입학 첫날

부터 자신과 같이 처음 입학한 중국 여자 친구와 손짓발짓으로 대화를 하면서 친구가 되었지. 6년이 지난 지금도 좋은 친구 사이로 잘 지내고 있어. 학교가 자유롭고 놀이 위주의 수업 방식이라 매일매일 학교에 가는 것을 즐거워하였고 적응도 빨리 한 편이야. 1년이 지난 후 PTC(Parent-Teacher Conference) 때 담임 선생님이 서린이의 자화상을 보여 주었는데 입학 첫날에는 웃고 있지 않은 자신의 얼굴을 그렸고 차츰 적응하면서 웃는 자신의 모습을 그린 것을 보고 서린이도 처음에는 긴장을 좀 했구나 하고 생각했어. 하하.

조아는 말레이시아에 온 후 현지 유치원을 다니다가 만 3세가 된 후 EYC(Early Years Centers)의 Nursery에 입학했지. 조아는 입학한 첫날부터 적응을 잘했어. 조아는 전혀 겁도 없고 친구들을 너무 좋아하기 때문에 전혀 걱정하지 않았지. 하하.

K: 그 당시 서린이와 유마는 Polar bear class였지. 슈퍼히어로로 변신했던 날 기억나? 유마는 "Polar bear의 슈퍼히어로가 되고 싶어!"라고 나에게 말했어. 당일 마블 캐릭터로 변신하는 아이들이 많은 가운데 유마는 내가 만든 백곰 페이스 마스크를 쓰고 있었어. 유마는 자신감이 있게 슈퍼히어로의 날을 즐기고 있었지만 다른 아이들에게는 그 마스크가 조금 무서웠던 것 같아. 하하. ISP에는 아이들이 좋아하는 이벤트가 많지.

Super hero day

International day

G: 하하. 이벤트 하면 International day를 빼놓을 수 없지. 국제학교에서만 누릴 수 있는 이벤트이고 아이들이 각기 본인 나라의 전통 복장을 입고 학교 운동장에서 퍼레이드를 하는 행사야.

International day 활동, International day 액티비티

당시에 서린이의 한복이 없어서 급하게 한국에서 배송을 시켰던 기억이 나네. International day에 아이들은 퍼레이드를 하고 학부모들은 나라별로 재미있는 전통 게임이나 전통 음식을 분담했었는데 흥미로웠어. 올해 International day에는 한국 팬 아트를 했었어. 그 밖에 어떤 이벤트들이 있지?

K: Book week! 학년별 혹은 반별로 책을 선정해서 책에 있는 캐릭터에 맞게 의상을 입고 퍼레이드를 하는 행사야.

ISP 학생들은 10대 Secondary가 되어도 부끄러워하지 않고 의상, 헤어스타일, 메이크업 등 세심하게 꾸미고 진심으로 즐기는 애들이 많다고 느꼈어.

Book week Eric Carle의 해마

Red Riding hood, Alice in Wonderland white rabbit

Secondary 아이들 Book week 퍼레이드, 모두가 즐기는 Book week

생일날 반 친구들에게 컵케이크를 나눠 주고 다 같이 생일 축하를 하기도 하며, 방학 전에는 모국의 음식을 가지고 와서 부모님도 함께 참여하는 포트락 파티를 하기도 하지.

포트락 파티(좌, 내가 만든 지라시스시)

G: Book Week가 끝난 후에 나의 딸들은 벌써 다음 Book Week에 어떤 캐릭터의 옷을 입을지 이야기를 하곤 해. 하하. 그리고 말레이시아

에 살고 있기 때문에 Chinese New Year, Merdeka Day, Deepavali, Christmas 등의 각 민족의 명절을 모두 즐기고 있어. 그래서 중국 전통 의상, 말레이 전통 의상, 인도 전통 의상, 파티복을 모두 준비해야 하지. 부모님들은 힘들 수 있겠지만 아이들은 매번 너무 즐거워해.

K: 그리고 다양한 국적의 친구들이 생겼지. 종교의 차이나 사고방식의 차이 때문에 '왜?'라고 생각할 때도 많지만, 아이들끼리 서로 이해를 하며 사이좋게 놀고 있는 것 같아. 일본에 있으면 외국인과 관련된 기회는 나도 아이들도 거의 없었을 것이기 때문에, 이 부분은 말레이시아에 오기를 잘한 이유 중 하나야.

G: 아이들은 어른에 비해 확실히 편견이 없어서 다양한 친구들을 사귈 수 있지. 국적에 상관없이 아이들이 모두 즐겁게 뛰어노는 모습을 보면 말레이시아에 온 것에 만족하곤 해. 한국은 단일민족 문화를 가지고 있기 때문에 편한 부분은 있지만 다양성이 조금 부족해. 그래서 대부분 같은 목적으로 학교에 다니고 모두가 같은 모습으로 성장하기를 바라는 경향이 있

말레이시아 명절, 하리라야

어. 학교와 사회가 원하는 기준에 미치지 못하면 크게 스트레스를 받

게 되지. 지금은 많이 달라졌지만 한국은 여전히 외국인을 받아들이는 것에 거부감을 가진 사람들이 많기 때문에 말레이시아와 같은 다양성을 기대할 수는 없어.

K: 일본도 마찬가지로 일반적인 사람들과 다른 사람들은 인정받지 못할 때가 있어. 일본인들은 흔히 '모두'라는 말을 써. 집단행동으로 모두와 같은 일을 해야 한다고 초등학교 때부터 자연스럽게 머리에 각인되는 것 같아. 하지만 말레이시아에서는 개개인의 개성을 키워 주기 때문에 모두와 같은 일을 해야 하는 부담이 없어. 대신 자신의 의견을 확실히 갖는 것이 중요하지. 아이들은 하고 싶은 말을 전달할 수 있는 방법을 배우고 자신에 대해 배우면서 성장하고 있다고 생각해.

G: 아주 중요한 부분을 이야기했어. 일본이나 한국이나 자신의 의견을 내는 것이 상당히 어려운 일이야. 다수의 의견을 따라가는 것이 편하기는 하지만 그럴수록 내 생각이나 나의 의견을 말할 수 있는 기회가 점점 없어지지. 나 역시 여전히 나의 의견을 정확하게 말하는 것이 서툴러서 답답할 때가 많아. 하지만 나의 아이들이 학교에 자연스럽게 자신의 의견을 내고 선생님과 학교에서 그것들을 적극적으로 대응해 주는 것을 보고 놀랐어. 다르다고, 유치하다고 묵살하지 않고 진심으로 이야기를 들어 주는 태도에 감동했지. 그런 태도는 우리가 아이들을 양육하는 데에 있어서도 배워야 할 태도라고 생각해.

K: 어른인 우리가 아이들한테 배울 게 많네. 그리고 ISP 선생님들이

칭찬을 많이 해 주기 때문에 아이들은 자신감을 가지고 있어. 선생님께 학교에서의 상황을 물어보면 항상 "Great!"라고 대답해 주고, 아이들은 "즐겁다!"라고 대답해. 가끔 Great하지 않아도 Great라고 말하는 것이 문제이기는 하지만 말이야!

G: 맞아. 아이들이 학교를 정말 좋아한다는 것이 제일 중요해. 다양한 이벤트와 활동을 즐길 수 있다는 부분과 아이들이 학교를 좋아한다는 점에서 우리는 ISP에 만족하고 있어!

ISP outstanding awards

ISP sports awards

Chapter 4:
Mum's life

1. 아이들이 학교 간 후

G: 말레이시아에 와서 생활하고 있는 엄마들은 아이들이 학교에 가면 무엇을 할까?

영어 공부

K: 개인적으로는 말레이시아에 와서 무언가를 배울 기회가 많아졌다고 느껴져. 내가 말레이시아에서 처음 배우기 시작한 것은 당연히 영어! 말레이시아에 오자마자 영어 회화 레슨을 시작했어. 생각해 보

니 나는 상당히 다양한 방식으로 영어 공부를 했었네. 일본인 영어 선생님의 일본인 대상 영어 회화 그룹 레슨 → 영국인 선생님 그룹 레슨 → 말레이시아인 선생님의 개인 레슨 → 이란인 친구와의 개인 레슨 → 가애와 학교 엄마들과의 영어 회화 커피 타임. 5년간 많은 시도를 했었어. 하하.
교재를 이용한 영어 레슨도 했지만, 나에게 필요했던 것은 친구들과의 소통이었기 때문에, 직접 외국인 친구들과 만나 커피나 점심을 먹으면서 대화했던 것이 가장 배울 게 많았어.

G: 맞아. 우선 외국에 나와서 생활을 하고 있으니까 의사소통을 위한 언어 공부가 먼저지. 나 역시 영어로 일상생활을 해야 하는 것이 부담스러웠어. 그래서 나는 아이들이 학교에 있는 동안 다양한 앱과 유튜브를 이용해서 영어 공부를 했어. 우선 학교 선생님의 영국식 발음에 익숙해지기 위해 듣기 연습을 많이 했던 것 같아. 원어민이 아닌 이상 언어 공부는 끝이 없기 때문에 지금도 계속되고 있지. 하지만 영어 실력을 높이기 위해서 무엇보다 중요한 것은 영어를 많이 사용해야 한다는 점이야. 한국 엄마들과 학원을 다니며 공부한다고 해도 실제로 사용하는 횟수가 많지 않으면 실력이 늘지 않아. 나 역시 아직도 영어가 힘들지만 외국 엄마들과 영어로 대화하려고 노력은 하고 있어. 아이들 학교에서 다른 학부모들과 Small talk를 해야만 하는 상황이 많기 때문에 실제로 살아 있는 영어를 배우고 익힐 수 있어. 또 중국인이 많은 말레이시아 지역 특성상 중국어를 배우고 있는 엄마들도 있는 것 같아.

K: 선생님과의 소통, 친구들과의 소통을 위해 평소 대화에서 사용하는 살아 있는 영어가 매우 중요하다고 느꼈어. 물론 교재가 필요할 때도 있지만 친구들로부터 배울 것도 정말 많아. 나는 인스타그램 영어 회화를 자주 보고 있어. 노트에 메모도 하고 iPhone에 스크린 숏도 하면서 끈을 놓지 않고 있어. 매일 영어로 수업을 듣는 아이들에게 비할 바는 아니지만, 나도 학생으로 돌아간 기분이야.
중국어 배우는 엄마도 있구나. 확실히 말레이시아에서 중국어를 할 수 있으면 더 생활하기 쉬워지겠네. 나의 중국어는 아이들 학교가 온라인 수업을 진행할 때(코로나 시기) 딸과 했던 수나 색깔 등의 리셉션 수준이야. 하하. 가애는 중국어를 할 수 있지! 말레이시아에서 사는 데 편리하게 느껴지니?

G: 나는 한국 대학에서 중국어를 전공했던 게 말레이시아에 거주하면서 많은 도움이 되고 있어. ISP에도 많은 중국계 말레이시아 엄마들이 있어서 조금은 편하게 의사소통할 수 있어. 하지만 말레이계 중국인의 대부분은 중국 표준어인 만다린이 아닌 광둥어를 사용하기 때문에 의사소통이 잘 안 될 때도 있어. 하지만 병원(중국인 의사 선생님을 만날 때)이나 중국어만 통하는 가게를 갈 경우 큰 도움이 되는 건 사실이야.
그리고 현지 요리를 만드는 것을 배우거나 바틱 제품을 만드는 수업을 듣는 경우도 봤어.

K: 요리 수업은 매우 흥미롭다! 나는 영어 회화 외에 친구한테 파티

데코레이션을 배웠어. 취미 같은 느낌이지만, 생일 때 지인을 초대해서 함께 축하하는 일이 많은 이곳에서 아주 유용한 것 같아. 내 아이의 생일에 아이가 원하는 데코레이션을 하거나 크리스마스 데코레이션을 하는 작업을 즐기고 있어!

카스미가 직접 준비한 생일 파티 데코레이션

G: 파티 때마다 항상 카스미 집의 데코레이션이 너무 멋졌는데 말레이시아에 와서 배운 것이구나. 한국도 일본과 마찬가지로 파티 문화가 없어서 처음에 말레이시아에 왔을 때 아이들 생일 파티를 하는 것을 보고 놀랐어. 집이나 수영장을 빌려 예쁘게 데코레이션을 하고 피에로나 광대를 불러 아이들과 게임을 하는데 보는 나도 너무 신이 나더라고. 아이들이 진짜 주인공이 되는 날로 만들어 주는 파티 문화가 삶을 좀 더 풍요롭게 만들어 주는 것 같아. 그리고 파티가 많기 때문에 엄마들이 때마다 준비해야 할 것이 더 많지. 그렇지?

K: 맞아 데코레이션, 케이크 준비, 구디백이나 과자 준비 등 엄마가 준비할 것이 많아. 데코레이션 물건을 찾는 것도 재미있어서 자주 LAZADA에서 찾아 보고 있어. 하하.
가애는 요가를 시작했지! 어떤 느낌이야?

Yoga time

G: 응. 2년 전부터 요가를 시작했어. 내가 살고 있는 단지 안 Function room의 야외 앞마당에서 매주 수요일마다 요가 선생님이 오셔서 수업을 진행하고 있어. 나는 매일 아침 5시 30분에 일어나서 홈 트레이닝을 했었는데 매일 혼자 운동하니까 지루하더라고. 그래서 요즘에는 홈 트레이닝뿐만 아니라 요가도 하고 가끔 데사파크 공원에 나가 달리기나 걷기 운동을 하곤 해. 나는 한국에서는 운동을 잘하지 않았었는데 말레이시아에 와서 운동을 시작했어. 공원에서 매일 달리고 운동하는 사람이 많아서 그런지 자극이 된 것 같아. 아침에 운동하러

나오면 달리기를 하거나 산을 올라가는 사람들이 생각보다 많아. 그리고 또 한 가지 말레이시아에 오면 많은 엄마들이 골프를 시작해! 골프를 칠 수 있는 장소도 많고 가격이 훨씬 저렴하거든. 일본 엄마들도 골프를 많이 하지?

K: 일본 엄마들도 말레이시아에 와서 골프를 시작하는 사람이 많아. 일본은 맞벌이가 아니면 유치원 전 아이를 보육원에 맡길 수 없어. 하지만 말레이시아는 부모가 일하지 않아도 0세부터 맡길 수 있는 보육 시설이 많기 때문에 엄마의 자유 시간이 많아. 가격이 저렴한 것은 물론이고 일본에서는 하지 못한 일에 도전하는 사람이 많은 것 같아.

G: 맞아. 한국에서도 부모가 맞벌이가 아니면 보육원에 보내기가 쉽지가 않아. 심지어 맞벌이라 하더라도 보낼 수 있는 기관이 많지 않지. 그런데 여기에는 선택할 수 있는 다양한 기관이 있어. 또한 도우미를 쉽게 구할 수 있어서 아이를 기관에 보내지 않아도 엄마들이 자유 시간을 가질 수 있어. 그래서 그런지 엄마들이 오전에 할 수 있는 것들이 많지. 아까도 얘기했지만 말레이시아 골프 여행 코스가 있을 만큼 말레이시아는 골프 하기에 좋은 나라야. 주변 사람들에게 물어보니 우선 가격이 한국의 3분의 1 수준이고 천연 잔디가 깔려 있는 필드가 주변에 많기 때문에 접근성이 좋다고 하더라고. 말레이시아에서 골프를 하는 것이 돈 버는 길이라고 얘기하던데 카스미와 나도 시작해야 하는 건가? 하하.

K: 나도 일본에서 골프를 시도해 본 적이 있는데 재미를 느끼기 전에 그만두었어. 하하.
골프 외에는 배드민턴이나 테니스를 치는 엄마도 있어. 선생님을 콘도로 불러 레슨을 받지.

G: 말레이시아는 테니스와 배드민턴과 같은 실외 스포츠를 배우는 데에 좋은 곳인 것 같아. 날씨가 항상 따뜻하니까 말이야. 나의 지인은 말레이시아에 와서 수영을 배우고 있어. 말레이시아는 콘도마다 수영장이 있기 때문에 선생님이 직접 콘도에 와서 강습을 하니까 굉장히 편하지. 1:1로 배울 경우 1시간에 80~100링깃(24,000~30,000원) 정도니까 한국의 절반 정도의 가격이라 꽤 저렴하다고 볼 수 있어. 말레이시아는 언어와 스포츠를 배우기 참 좋은 곳이야.

K: 한국이나 일본은 사계절이 있기 때문에 계절에 따라 야외 활동이 제한되지. 말레이시아도 건기나 우기는 있지만 '우기'라고 해도 하루 종일 비가 내리는 것은 아니라서 야외 활동하기가 좋아. 한국이나 일본에 비해 레슨 가격이 싼 것도 아주 큰 장점이지.

G: 우리 지난번에 프랑스 파리시에 선생님에게 디저트 수업을 들었잖아. 선생님 집으로 가서 이론적인 설명도 듣고 직접 같이 베이킹도 하면서 즐거운 시간을 보냈었지. 프랑스 전통 페이스트리와 초콜릿 트리아농 케이크를 직접 만들고 맛볼 수 있었던 즐거운 시간이었어. 프랑스 파리시에 선생님 역시 남편의 직장 때문에 말레이시아에

이주 온 엄마야. 여기에서 자신의 재능을 이용해 강습하는 엄마들도 꽤 많은 것 같아.

Baking lesson

K: 엄마들과 이야기하면서 케이크를 만들 수 있어서 너무 즐거운 시간이었어.
케이크 만드는 것도 흥미로웠지만, 다른 엄마들과의 교류도 나에겐 매우 좋은 자극이었어.

G: 아! 그리고 얼마 전부터 ISP에서 Parent Social Group들을 만들어서 많은 학부모의 참여를 유도하고 있어. 골프 클럽, 사진 클럽, 중국어 클럽, 축구 클럽, 드로잉 클럽, 달리기 클럽, 독서 클럽, 심지어는 한국어 배우기 클럽까지 개설되었어. 모두 학부모의 자원으로 이루어진 클럽들이야. 취미 활동도 하고 다른 나라의 학부모들과 친해질 수 있는 좋은 기회가 될 거야.

K: 음! ISP는 요즘 매우 활동적이야! 그 학부모 클럽은 아이들이 학교에 가는 동안 참여할 수 있니? 강사는 도대체 누가 하는 거야? 나도 한국어 레슨을 받고 싶어! 하하.

G: 학부모 Social group은 특정 분야의 전문가인 학부모들이 강의를 하는데 아이들이 학교에 가 있는 동안 일주일에 한 번 혹은 2주에 한 번 정도 모임을 가지는 것 같아. 꽤 많은 학부모들이 한국어를 배우고 있어.

K: 학교 엄마들과 학교 정보도 교환할 수 있는 좋은 기회구나. 일본인 학교에서도 다양한 세미나나 교실이 열리고 있는 것 같지만, 나는 아직 참가한 적은 없어. 우선 한국어 공부부터 시작하고. 하하.

2. 식료품 쇼핑

G: 말레이시아에 생활하면서 엄마들에게 가장 중요한 것 중의 하나는 쇼핑이야!
어디에서 장을 보고 어디에서 생필품을 사야 하는지에 대한 정보는 매우 중요해. 우리가 살고 있는 데사파크에는 두 개의 식료품점이 있어. 워터프론트에 있는 Aeon과 아카디아에 있는 Village Grocer에서 식료품을 살 수 있지. 나는 말레이시아는 날씨가 덥기 때문에 장을 한 번에 많이 보지 않고 매일매일 필요한 식료품을 사러 가는 편이야. 한국에서는 이마트나 홈플러스, 코스트코 등의 대형 마트에 가서 일주일 치 장을 보고는 했는데 말레이시아에 온 후로 대형 마트는 잘 가지 않게 되네.

Village Grocer와 Aeon

K: 나는 반대로 일본에 있을 때는 거의 매일 아이들과 산책하면서 쇼핑을 갔는데 말레이시아에 오고 나서 일주일 치를 한꺼번에 사는 일이 많아졌어. 쇼핑 갈 때는 큰 쇼핑백을 두 개 챙겨 가. 대부분의 가게가 비닐봉지를 유료라도 판매하지 않기 때문에 쇼핑백은 필수야! 나는 데사파크 내에서는 Village Grocer에 갈 때가 많아. 물건 가짓수도 많고 한국과 일본의 식품 구역이 있어서 쇼핑하기가 좋아. 그리고 지하 주차장이 있어서 비가 와도 걱정 없고 주차 공간이 넓은 편

이라 카트로 이동하기도 쉽지.

Village Grocer의 한국·일본 코너, Non-Halal 구역(돼지고기, 돼지고기 햄)

G: 나 역시 Village Grocer를 거의 매일 가고 있어. 카스미가 말한 대로 일본과 한국 식품 코너가 있어서 한국 마트를 가지 않아도 간단한 한국 식료품을 살 수 있지. 그리고 말레이시아 제품뿐만 아니라 여러 수입 제품이 많아서 구경하는 재미도 있어. 특히 한국 마트에서 볼 수 없는 제품군을 볼 수 있어서 재미있어. 반면 과일이나 채소, 고기 같은 신선 제품들은 로컬 마켓이나 현지 마트가 가격이 더 저렴하고 신선해. 그래서 가끔은 로컬 Wet market에 가서 과일이나 야채 등을 사 오곤 해. 처음에 말레이시아의 Wet market에 갔을 때 닭을 그 자리에서 도축해 주는 광경을 보고 굉장히 놀랐어. 다양한 과일과 야채를 싸게 살 수 있고 볼거리도 많은데 간혹 도축 장면을 목격할 수 있다는 것을 명심해야 해!

> **TIP**
> Wet market은 한국의 재래시장과 비슷한데 일반 마트보다 다양하고 저렴한 현지 농수산물을 살 수 있다.
> TTDI와 같은 대형 Wet market도 있고 오전에만 운영되는 Morning wet market도 있다(보통 오전 6시부터 정오까지 운영).

K: 충격적인 광경이지. Wet market에 처음 갔을 때가 기억나! 이름 그대로 바닥이 젖어 있는 것에 거부감이 들었지만 모든 제품들이 신선했어. 그리고 일본어가 통하는 곳이 많아서 놀랐지. 예를 들어 일본어로 'Karaage'라고 말하면 가라아게용 닭고기를 잘라 주고, 생선 가게에 가서 일본어로 'Sanmai oroshi'라고 하면 생선을 3등분해서 잘라 줘. 돼지고기도 즉석에서 잘라 주니까 원하는 부위랑 몇 그램을 살 건지 메모에 적어서 주면 그대로 받을 수 있어. 그리고 보랭 백을 들고 가는 것이 좋지.

TTDI

G: 그래. 말레이시아는 날씨가 더우니까 보랭 백이 필수야! 특히 TTDI wet market은 한국인과 일본인이 돼지고기를 사러 많이 가는 곳이지. 그래서인지 한국어와 일본어로 주문해도 문제가 없어. 한국인들이 많이 먹는 삼겹살이나 목살을 주문하면 원하는 대로 썰어주지. 생각보다 질이 좋고 관리가 잘되어 있는 Wet market 중의 하나야.

Lotus(구 Tesco)나 NSK와 같은 대형 마트도 있는데 자주 가지는 않지만 가끔 가서 구경하면 재미있는 것이 많아. 특히 현지 대형 마트인 NSK는 거의 모든 것을 팔고 있는데 가격이 정말 저렴해. 그래서인지 식당을 운영하는 사람들이 와서 장을 보는 곳이라고 하더라고. 우리 같이 NSK에 갔었잖아. 어땠어?

> **TIP**
> 말레이시아는 58% 말레이 무슬림을 제외한 나머지 말레이 중국인과 말레이 인도인이 돼지고기를 먹기 때문에 어디에서든 쉽게 돼지고기 판매하는 곳을 볼 수 있다.

NSK

K: 가애랑 NSK에 갔을 때 왠지 익숙한 느낌이 들었는데, 역시 말레이시아에 온 초반에 말레이시아 슈퍼마켓은 어떤 느낌인지 시찰을 하러 NSK에 온 적이 있었어. 처음 방문했을 때는 생선 매장과 닭고기 매장이 충격적이어서 그냥 돌아왔었지! 하하! 그때는 말레이시아에 익숙하지 않아서 산더미처럼 쌓인 상품이나 젖은 바닥이 나에겐 충격적이었어. 상품은 대부분 바하사나 중국어로 적혀 있어서 익숙한 캔 콜라만 사 왔던 기억이 나네. 하하. 그런데 4년 만에 가애랑 갔더니 너무 싸고 좋은 거 있지? 아마 말레이시이아 방식에 익숙해졌나 봐~ 다음번에 올 때는 큰 가방을 들고 장을 보러 와야겠어!

G: 맞아. 같은 제품도 여기서 사면 가격이 굉장히 저렴하더라! 다음에는 큰 쇼핑백을 들고 쇼핑하러 가자. 카스미, 말레이시아에 일본 제품만 파는 일본 마트도 있어?

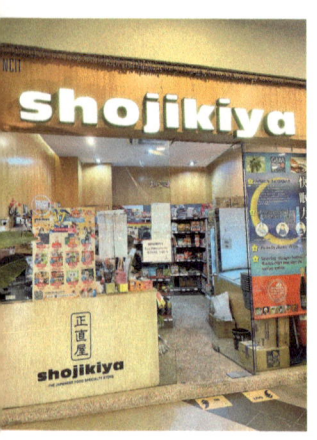

Shojikiya

K: 여러 쇼핑몰 내에 'Shojikiya'라는 일본 식품을 파는 가게가 있어. 데사파크에 워터프론트, 몽키 아라에서는 1 Montkiara에 점포가 있어. 일본 과자, 인스턴트식품, 조미료, 음료와 술 등을 팔고 있지. 수입품이라 일본보다 가격은 비싸지만 Village Grocer의 일식 코너보다 종류가 다양해서 자주 가.

G: 그리고 유명한 Don Don Donki도 있잖아. 한국 사람들도 일본 여행을 가면 돈키호테에 가서 엄청나게 쇼핑을 하고 오거든. 우리 가족도 간식과 도시락, 일본 와규를 사러 자주 가! Don Don Donki에 가면 항상 다양한 물건들을 구경하느라 시간 가는 줄 모르지. 지금 보니까 말레이시아에 있는 일본 마트는 모두 큰 회사에서 운영하는 방식이네. 말레이시아 쿠알라룸푸르에는 꽤 많은 한국 마트가 있는데 대부분 개인이 운영하고 있어. 그래서 각 마트마다 다른 제품이 있지. 데사파크의 워터프론트에는 Fresh han이라는 한국 마트가 있어서 자주 가서 한국 제품들을 구입하곤 해.

Don Don Donki

K: 맞아, Donki가 말레이시아에 오픈해서 너무 기뻤어. 종류가 다양하고 저렴한 도시락과 와규를 살 수 있어. Donki는 물건 수가 많고 저렴해서 일본 내의 Donki 앞에는 항상 관광버스로 가득 차 있지. 나도 자주 워터프론트에 있는 한국 마트에서 김이나 순두부, 국물 재료를 사곤 해.

한국 마트들

G: 말레이시아 내 여러 지역에 한국 마트가 있을 뿐만 아니라 한국 사람들은 그룹챗으로 음식을 주문해서 데사파크로 배송을 받기도 해. 예를 들어 일부 한국 레스토랑이나 마트는 일주일에 한 번 음식을 만든 후에(매주 제공하는 음식이 다르다) 그룹챗을 통해 주문을 받아. 가끔 나도 양념갈비나 보쌈 등의 음식을 주문해서 먹지. 일본 빵집 하치를 일주일에 한 번 데사파크로 배송받는 것처럼 말이야.

K: 한식 배송 그룹챗이 많이 있구나. 나는 몽키아라에 있는 일본 빵집 '하치'에서 배송을 받고 있어. 락다운이 일어났을 때부터 배송 서비스가 시작되었는데 지금도 주 1회 데사파크의 콘도까지 배달해 주지. 하치를 배송받을 때 일식집, 과일 가게도 함께 배송을 같이 해 주기 때문에 빵 이외의 반찬, 도시락, 과일 등을 주문할 수 있어 매우 편리해.

G: 확실히 말레이시아는 한국 제품과 일본 제품을 쉽게 구할 수 있는 나라야. 내가 원하면 언제든지 맛있는 김치나 한식을 배송받을 수 있지. 물론 완전히 한국과 일본 같을 수는 없겠지만 한식 의존도가 높은 사람들에도 큰 문제가 없는 것 같아.

플라자 몽키아라의 목요일마다 열리는 장

3. Café Café Café(최애 카페 겸 레스토랑 7)

G: 카스미, International Coffee Organization에 따르면 한국은 전 세계 커피 소비량 6위를 차지하고 있어. 그만큼 한국 사람들은 커피를 많이 마시고 커피숍도 많지. 물론 개인이 하는 작은 규모의 카페도 있지만 스타벅스, 투썸플레이스, 이디야 같은 체인점이나 대형 카페들이 인기가 많아. 반면에 말레이시아는 말레이시아 브랜드의 카

페가 더 잘되는 것 같아. 스타벅스나 커피빈도 있지만 말레이시아식의 아침 식사를 제공하면서 커피를 파는 코피티암도 인기가 많지. 그래서 카페 투어를 하다 보면 다양한 문화를 즐길 수 있어. 데사파크 안에도 멋진 카페들이 많이 있지만 데사파크를 조금만 벗어나도 독특하고 색다른 카페들이 많잖아. 카스미는 새로운 곳을 탐방하며 카페 다니는 것을 좋아해?

Coffee

K: 당연히 좋아하지. 말레이시아에는 생각보다 다양한 형태의 카페가 있어. 나는 말레이시아에 온 초기에는 자주 스타벅스에 갔었어. 아무래도 익숙한 곳이니까 안심이 되었지. 하하. 하지만 지금은 외출 범위가 넓어졌기 때문에 여러 장소에서 다양한 카페를 탐험해 보고 있어. 말레이시아에는 세련되고 독특한 카페가 많지. 저번에 가애랑 갔던 차이나타운 카페 탐방은 정말 즐거웠어!

차이나타운의 카페들(OLD CHINA CAFÉ)

차이나타운의 Bubble Bee cafe

G: 나 역시 처음 말레이시아에 왔을 때는 어디에나 있는 스타벅스를 주로 갔었는데 이곳저곳 다녀 보니 생각보다 멋진 카페가 많다는 것에 놀랐어. 다양한 콘셉트의 카페가 참 많아. 커피와 단순한 디저트를 제공하는 곳도 있지만 레스토랑 겸 카페가 상당히 많지. 카스

차이나타운 카페들(VINTAGE1988)

미가 소개해 준 차이나타운 거리에 많은 카페를 돌아다니니 여행자가 되어 여행을 하는 기분이 들었어. 말레이시아의 삶이 일상이 되니까 가끔은 내가 한국에 사는지 말레이시아에 사는지 헷갈릴 때가 있잖아. 다양한 카페를 다니면서 색다른 기분을 낼 수 있어서 참 좋아. 커피와 함께 맛있는 식사를 즐기는 것도 너무 행복하지.

K: 우리가 방문했던 카페 중에서 자주 방문하고 만족스러웠던 카페를 정리해 볼까?

1) KENNY HiLLS BAKERS

KENNY HiLLS BAKERS TTDI 지점

G: 데사파크의 만남의 장소라고 하면 KENNY HiLLS BAKERS 이 가장 먼저 생각나지. 아이들을 학교에 보내고 엄마들끼리 브런치를 먹거나 커피를 마시러 가장 많이 가는 곳이 KENNY HiLLS BAKERS이잖아. 때로는 다른 곳을 가려고 해도 결국에 KENNY HiLLS BAKERS만 한 곳이 없다고 생각이 들어 일주일에 한 번 정도는 꼭 가는 것 같아.

K: KENNY HiLLS BAKERS은 아침 8시부터 오픈해서 아이를 학교에 보낸 후(8시까지 등교) 바로 갈 수 있어서 편리하지. 최근에 가게 증축을 했는데도 주말에는 항상 줄이 있을 정도로 많은 사람들이 찾는 곳이야. 맛있는 크루아상은 나도 아이들도 매우 좋아하고, 음료 메뉴도 다양해. 복숭아 슈트루델은 무심코 주문해 버리는 메뉴 중 하나야!

주말 아침의 모습

G: 복숭아 슈트루델은 KENNY HiLLS BAKERS에서 나의 최애 디저트야. 나의 딸들은 딸기쇼트케이크를 좋아해. 사우어도우 빵이나, 페이스트리, 케이크 등의 다양한 빵을 팔고 있고 브런치 메뉴도 다양해서 한자리에서 모든 것을 다 해결할 수 있는 곳이지. 특히 말레이시아에 9개 매장이 있는 곳이니 맛이 보장된 가게라고 볼 수 있지.

예쁘고 맛있는 디저트들(조각 케이크 기준 16~18링깃(4,800~5,400원)),
사우어도우 빵과 로프(20~24링깃(6,000~7,200원))

K: 파인애플 타르트도 너무 맛있어서 가게에 갔을 때는 나의 간식으로 꼭 구매하지. 나시르막이나 치킨라이스와 같은 말레이시아의 맛도 즐길 수 있어. 가애랑 같이 데사파크 매장이랑 TTDI 매장에 갔었는데 둘 다 세련된 분위기로 인테리어 되어 있어서 공간을 즐기기에도 좋은 것 같아. 일본 사람과 한국 사람이 많이 사는 몽키아라에도 매장이 생겼다고 들었어.

G: 지난번에 카스미가 먹어 보라고 사다 준 파인애플 타르트 정말 맛있었어. 차와 함께 먹었는데 끝도 없이 먹게 되던데? 하하. 확실히

KENNY HiLLS BAKERS은 모든 사람들에게 호불호가 없는 장소임에 틀림없어.

추천 메뉴: Peach strudel
　　　　　Almond Croissant
　　　　　Strawberry waffle & Cream
　　　　　Smoked salmon & Avocado Croissant

파인애플 타르트

2) Yeast

Yeast

G: Yeast는 내가 가장 좋아하고 즐겨 가는 브런치 카페야. 한국에서 부모님들이 오실 때마다 방문하는 곳인데 합리적인 가격으로 프랑스 요리를 즐길 수 있는 곳이지. 음식, 가격, 분위기 등 모든 것이 만족스러워서 그런지 주기적으로 들르는 곳이야.

조화로운 맛의 라테, 단순하지만 맛있는 메뉴들

K: 가애가 데려가 줘서 알게 된 곳이야. 프랑스 햄이 올라간 에그 베네딕트와 크루아상 샌드위치는 너무 맛있었어! 일반 쇼핑몰들과는 달리 이색적인 매장들이 많은(말레이시아의 대형 쇼핑몰에는 대부분 같은 매장들이 들어서 있다) Bangsar Village에서 걸어갈 수 있는 장소인 것도 좋아. 그리고 Yeast가 있는 거리에 유명한 카페들이 많이 있어. Antipodean이나 VCR같이 유명한 카페들이 모두 그 거리에 있잖아.

G: Yeast의 에그 베네딕트는 내가 먹어 본 에그 베네딕트 중 최고야! 평범한 맛으로 느껴질 수도 있는데 소스와 모든 것이 조화롭게 잘 어울리는 맛이야. 바게트도 빼놓을 수 없지. 바삭하면서 질깃한 이곳의 바게트도 참 좋아해. 바게트를 주문하면 버터와 두 가지의 잼이 같이 나오는데 너무 맛있어. 커피 역시 어느 맛 하나 튀지 않는 조화로운 맛이 일품이야. 2년 전만 해도 데사파크에서 가까운 TTDI에 지점이 있었는데 지금은 없어져서 방사 지점만 남아 있어.

K: 바게트는 꼭 다음에 시도해 보고 싶다! 빵을 좋아하는 가애가 맛있다고 한다면 틀림없이 맛있을 것 같아. 가게 안에 진열되어 있던 귀여운 타르트들도 다음에 먹어 보고 싶다고 생각했어.

G: 방사 빌리지 쇼핑센터에서 쇼핑하고 Yeast에 가서 식사를 하면 멋진 하루를 보낼 수 있을 거야. 특히 날씨가 좋은 날 야외 자리에서 맛있는 프랑스 요리와 함께 여유를 즐길 수 있는 낭만적인 장소야.

추천 메뉴: Oeufs Benedictine(에그 베네딕트)

Oeufs florentine(계란, 시금치, 버섯, 치즈소스, 빵과 함께 먹으면 최고)

Baguette Tradition(사이드로 꼭 주문해 보세요! 3,000원의 행복)

Confit de Canard(바삭하고 부드러운 오리 다리와 잘 졸여진 양파의 맛!)

메뉴판

3) ORIENTAL KOPI

ORIENTAL KOPI

G: 말레이시아는 말레이시아 스타일의 카페가 있지. 한국의 다방이나 옛날 찻집 등의 전통 카페들은 주변에서 쉽게 찾아 보기 힘들거든 (특별한 지역을 가야지만 볼 수 있지). 그런데 말레이시아 스타일의

카페들은 여전히 인기가 있기 때문에 어디에서든지 볼 수 있어. 유명한 OldTown White Coffee나 ORIENTAL KOPI뿐만 아니라 동네에서도 다양한 브랜드의 말레이시아 스타일의 카페를 볼 수 있어.

어디서든 쉽게 보이는 말레이시아의 카페 메뉴(음료+식사가 4,000~6,000원 사이)

> **TIP**
>
> 말레이어로 '코피'라고 불리는 말레이시아의 전통 커피는 전통적인 천 필터에 커피 가루를 담아 끓는 물을 부어 만든다. 보통 연유와 많은 양의 설탕을 넣어서 마신다. 블랙커피를 마시고 싶다면 Kopi O Kosong을 주문하세요.

K: Mid Valley에 가면 항상 줄이 서 있는 카페 겸 레스토랑이 있어서 한번 가 봐야지 했는데, 거기가 ORIENTAL KOPI였어! 우리가 오전에 오픈하는 시간에 갔는데도 거의 만석이었잖아. 말레이시아 코피와 함께 식사를 하는 사람들로 항상 붐비는 곳이지. 말레이시아의 패밀리 레스토랑 느낌인가?

G: 말레이시아식의 카페는 커피와 디저트, 혹은 간단한 샌드위치를 파는 곳이라기보다는 나시르막이나 국수, 말레이시아식 토스트(카야토스트)와 함께 커피를 제공하는 레스토랑이라고 보는 게 맞을 것 같아. ORIENTAL KOPI의 나시르막은 내가 말레이시아에서 먹어 본 나시르막 중 가장 입맛에 맞았어. 특히 삼발소스(쿰쿰하지 않고 깔끔한 맛)가 아주 매콤하고 맛있어서 다음에 가서 삼발소스를 사 오려고.

나시르막과 카야토스트

K: 나는 말레이시아에 온 지 얼마 안 됐을 때 호텔 아침밥으로 나시르막을 맛본 적이 있었는데 입맛에 안 맞아서 그 이후로 한 번도 안 먹어 봤어. 그래서 이번이 6년 만에 처음으로 나시르막을 먹어 본 거야. 그런데 삼발소스와 부드러운 치킨이 너무 맛있어서 놀랐어! 양이 많았지만 가애와 함께 모두 먹을 수 있었어! 우리는 카야토스트도 시켰는데 그

에그타르트 꼭 먹어 보세요!

것도 바삭하고 달콤하게 맛있었어. 수란에 찍어 먹으면 부드럽게 술술 들어가지. ORIENTAL KOPI에서 가장 유명한 에그타르트도 주문했는데, 너무 배가 불러서 포장해서 왔었지.

G: 응, 우리가 주문한 모든 메뉴들이 양이 상당히 많고 맛있었어. 특히 우리가 배불러서 먹지 못하고 집으로 들고 온 에그타르트는 보기에는 너무 묵직하고 부담스러워 보였는데 부드럽고 많이 달지 않아서 놀랐지. 항상 줄이 많이 서 있어서 궁금해서 가 본 곳인데 확실히 가 볼 만한 곳이었어.

K: 에그타르트는 묵직했지만 깔끔하고 맛있었어. 그동안 로컬 장소를 많이 시도하지 않았는데 가 보길 잘했어! 다시 ORIENTAL KOPI에 가서 나시르막을 먹고 싶어!

추천 메뉴: Nasi Lemak
　　　　　Signature Egg Tart
　　　　　Oriental Kopi

4) 말레이시아의 특별한 스타벅스

데사파크 스타벅스

G: 전 세계 어디서나 볼 수 있는 스타벅스는 어김없이 데사파크에도 있지. 처음 데사파크에 놀러 왔을 때 스타벅스에 들려서 휴식을 취했던 기억이 나네. 야외에 앉아서 공원에서 사람들이 운동하는 모습을 바라보며 커피를 마시는데 여유롭고 좋더라고. 그리고 말레이시아에는 특별한 스타벅스가 있지!

K: 맞아! 방사 지역에는 세계에서 가장 조용한 스타벅스 1호점이 있어. 청각장애 직원이 수화를 통해 혹은 종이나 Writing tablet을 이용해 주문을 받아 주지. 그리고 수화 디자인 텀블러 등 한정 상품도 있어.

 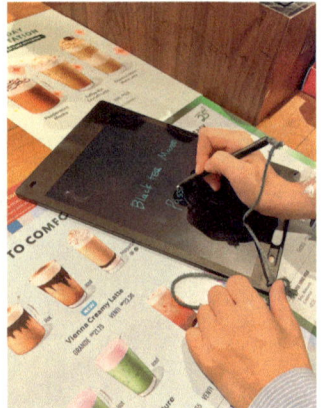

주문 방식

G: 세계에서 가장 조용한 스타벅스! 게다가 전 세계에서 1호점이라니 가 봐야지. 특별한 방사의 스타벅스 앞에는 Writing tablet이 있어.

원하는 주문을 적어서 카운터에 보여 주면 음료를 받을 수 있어. 또는 모바일로 주문과 결제를 하는 방법도 있지. 카스미 말대로 방사 지점에서만 파는 컵이나 텀블러도 예쁘고 특별했어. 스타벅스 제품을 모으는 사람들이라면 한번 방문해 보는 것도 좋을 것 같아. 방사 지점은 일반적인 스타벅스와 비교해 특별히 불편한 점이 없었어. 다만 평화롭고 조용했던 지점이었지. 그리고 또 다른 특별한 지점이 있지?

K: 말레이시아 내 최대 규모의 스타벅스가 Tropicana Gardens mall에 있어. 에레나의 학원이 Tropicana Gardens mall에 있어서 일주일에 두 번 스타벅스에서 에레나의 수업이 끝날 때까지 기다리지. 하하. 특히 넓은 야외 자리가 아주 아름다워. 말레이시아 스타벅스 신메뉴는 초콜릿 음료가 많아. 말레이시아 사람들은 초콜릿을 좋아하나 봐. 반면에 일본은 계절에 따라 제철 과일을 사용한 메뉴가 많아. 그리고 어린이 음료도 있지. 한국은 어때?

방사 지점 한정 상품들

Tropicana Gardens mall 스타벅스

G: 한국의 스타벅스는 메뉴가 매우 다양해. 시즌 메뉴도 있고 주스나 요거트 메뉴도 많아서 아이들도 함께 즐길 수 있지. 말레이시아 스타벅스는 주스 메뉴가 별로 없어서 아이들이 마실 것이 없어. 한국은 베이커리도 다양하고 맛도 있지만 가격이 비싸. 말레이시아 스타벅스 가격을 비교하면 아메리카노를 기준으로 1,000원(30~40링깃) 이상 가격이 비싸지.

K: 한국은 메뉴가 다양해서 고르는 게 재미있겠다. 말레이시아 스타벅스는 로컬 카페에 비하면 가격은 비싼 편이지만 다른 나라에 비하면 가격이 싸네.

5) KOPENHAGEN COFFEE

KOPENHAGEN COFFEE 몽키아라

K: KOPENHAGEN COFFEE는 몽키아라에 사는 사람들에게 인기 있는 은신처 같은 카페야! Garden International School 맞은편에 있어서 아이들을 학교에 보내고 난 후 엄마들이 모여서 브런치를 즐기는 곳으로 유명해. 메인 메뉴와 사이드 메뉴를 원하는 대로 조합해서 먹을 수 있는 아침 식사 세트가 있어.

G: 우리는 데사파크에 살고 있어서 자주 방문하는 곳은 아니지만 몽키아라에 사는 사람들이 즐겨 가는 카페 중의 한 곳이지. 깔끔한 인테리어가 돋보이고 건강한 재료로 만드는 브런치를 제공하는 곳으로 유명해.

K: 우리는 커피와 와플 세트에 버섯과 아보카도 크림 등을 주문했지. 데코레이션도 예쁘고 양도 적당하고 맛있었어. 매장 내부는 깔끔하고, 북유럽풍의 아늑한 분위기로 혼자서도 들어가기 좋은 공간이었어.

G: 혼자 와서 간단하게 브런치를 하러 가도 좋을 만큼 조용하고 예쁜 공간이야. 실제로 혼자 와서 일을 하거나 공부를 하는 사람들이 많았어.

K: 점심 메뉴는 따로 있으니 다음에 가 보자. 평일은 16시까지 영업하고 주차장에 주차할 때 앱 등록이 필요해! 그리고 화장실은 가게 밖에 있어. :)

6) Botanica+Co

Botanica+co

G: 데사파크에서 차로 15분 거리에 있는 Taman Bukit Bambu에 Bamboo Hills라는 장소가 있어. 잘 조경되어 있는 인공 공원 안에 멋진 레스토랑들이 있는 장소로 핫 플레이스지. 이 안에 한국 BBQ 전문점 하남돼지집도 있어서 한국인들에게도 많이 알려져 있는 장소야. 여기에 많은 레스토랑들이 있지만 Botanica+Co는 내가 가장 좋아하는 장소야.

K: 2022년에 오픈한 곳으로 세련되고 핫한 레스토랑들만 입점해 있어. 평일 낮에 가면 사람도 많지 않고 녹음이 우거진 정원에서 산책도 즐길 수 있어. 그중 Botanica+Co는 인테리어가 멋진 레스토랑으

로 나도 또 가고 싶은 장소야! 메뉴도 다양해서 고르는 재미가 있어. 가애와 함께 그곳에 갔을 때 우리는 토마토파스타와 트러플토스트를 주문했어.

G: 가격대가 좀 있지만 맛이 괜찮고 공간이 예뻐서 사진 찍기에도 좋은 곳이야. 야외에서 뛰어놀 공간이 있어서 아이들과 함께 가기에도 좋은 장소지. 트러플토스트와 파스타 모두 맛있었어. 또한 양(Size)을 선택할 수 있어서 좋았던 것 같아. Small size도 시킬 수 있기 때문에 양이 적은 사람도 부담 없이 주문할 수 있어.

K: 음식은 너무 맛있고 실내가 아주 밝아서 사진이 정말 잘 나와. 다른 메뉴도 꼭 시도해 보고 싶어. 가게 직원분도 특별히 더 친절했어. 그리고 Bamboo Hills의 화장실이 예뻐서 감동이야! (웃음)

추천 메뉴: Truffle fries

7) Jaslyn Cakes

데사파크 지점

G: 말레이시아 음식에 대해 이야기할 때도 얘기했는데, 나는 Jaslyn Cakes의 당근케이크를 무척 좋아해. 몽키아라나 방사에 가야만 했는데 현재는 데사파크 워터프론트에도 매장이 생겨서 케이크가 먹고 싶을 때마다 들르는 곳이야. 가벼운 느낌의 생크림케이크를 파는 곳은 아니고 묵직한 디저트가 많은 곳이야. 인테리어도 아기자기하게 예쁘고 갈 때마다 행복해지는 곳이야.

Jaslyn Cakes의 케이크들(방사 지점)

K: 나는 Jaslyn Cakes의 얼그레이 쉬폰케이크가 마음에 들어. 2개 세트의 크림퍼프는 아이들이 좋아하지. 차분한 분위기도 좋고, 쿠키 등도 있어 선물로도 추천해!

G: 카스미가 좋아하는 얼그레이 쉬폰케이크를 제외하고는 거의 대부분 꾸덕꾸덕한 질감의 케이크를 판매하고 있어. 요즘에는 레몬커드케이크와 피스타치오케이크를 즐겨 먹는데 한 입 먹으면 재료를 아끼지 않고 가득 넣었다는 걸 느낄 수 있지. 그리고 예전에 몽키아라 지점으로 다닐 때는 항상 사람들이 많아서 줄을 서서 기다려야 했는데 데사파크 지점은 여유 있어서 좋아.

K: 데사파크 지점은 주말만 피하면 항상 여유로운 편이야. 테이크아웃으로 주문할 때는 눈앞에 예쁘고 맛있을 것 같은 케이크가 줄지어 있어서 필요 이상으로 주문해 버리는 경우도 있어. 하하. 가애 말대로 한 조각만으로 금방 배부르기 때문에 너무 많이 주문하지 않는 것을 추천해. 하하. 방사의 Jaslyn Cakes은 매장이 작았지만 안쪽에 가정집 같은 분위기의 공간이 매력적이었어.

G: 아늑한 분위기의 인테리어도 분명 한몫하고 있어. 커피와 함께 케이크 한 조각을 즐기고 싶다면 무조건 Jaslyn Cakes으로!

아늑한 분위기의 방사 지점

추천 메뉴: 모든 디저트! 취향에 맞게 골라 드세요!

Chapter 5:
Malaysia, paradise of traveling

1. Redang Island in 말레이시아
(말레이시아 르당섬은 꼭 가세요!)

G: 카스미, 2020년에 Redang Island(르당섬) 갔던 것 기억나? 우리가 처음으로 같이 간 여행이었지. 한바탕 코로나가 휩쓸고 간 후 반년 정도 시간이 지난 2020년 7월이었어.

아름다운 르당섬

K: 정말 그 당시에는 매일매일의 삶이 코로나바이러스의 영향을 많이 받았던 시간이었어. 아이들의 긴 여름 방학 동안 여행을 갈 수 없을까 봐 걱정했는데 다행히 말레이시아 정부가 락다운을 해제하면서 르당섬에 갈 수 있었어. 말레이시아 안에서라도 여행을 다닐 수 있어서 정말 운이 좋았어.

G: 응, 그래. 그래도 그때 르당섬을 다녀와서 정말 다행이었어. 그 이후로 말레이시아는 또다시 강한 락다운을 실시했었으니까. 그때 우리는 말레이시아로 발령받아 온 지 반년밖에 안 된 준의 친구 가족도 조인해서 세 가족이 같이 르당섬으로 떠났지. 르당섬은 서말레이시아의 동쪽에 위치한 섬으로 KL에서 차로 4시간 운전해서 트렝가누 항구에 도착한 후 1시간 배를 타고 들어가야 하는 곳이잖아. 차로 여행을 가는 것이 익숙하지 않은 우리 가족에게는 꽤나 장거리 여행이었어.

K: 비행기를 타고 르당섬에 갈 수 있는 방법도 있었지만 팬데믹 기간이기도 했고 백신 이슈도 있어서 차로 가는 것을 선택했지. 물론 아이들과 함께 가야 하기 때문에 중간중간 쉬면서 운전해서 갔었어. 트렝가누 부두에서 각각 예약한 호텔에 맞게 페리를 타고 1시간 정도 더 가야 하지. 우리가 탄 페리는 매우 크고 안정적이어서 뱃멀미를 하진 않았지만 강한 에어컨 바람 때문에 너무너무 추워서 감기에 걸릴 지경이었지.

G: 카스미 가족은 이번이 두 번째 르당섬 여행이었기 때문에 우리의 안내자가 되었잖아. 그리고 르당섬으로 가는 배는 정말 냉동고 같았어. 1시간가량 배를 타고 르당섬에 도착했고, 사방이 탁 트인 뷰와 포근했던 햇살이 아직도 생생하게 기억나. 라구나 호텔에서 잠시 간단한 설명을 듣고 로비에서 웰컴드링크를 마시며 너무 행복했었어. 아이들은 신이 나서 이리 뛰고 저리 뛰고 원숭이가 따로 없었지. 하하.

깨끗한 비치

K: 우리는 1년 전에도 르당섬을 방문했었어. 아름답고 깨끗한 해변에서 스노클링도 하고 거북이들과 함께 수영도 할 수 있는 곳이어서 가애 가족들과도 함께 가고 싶었어. 라구나 호텔에는 뷔페를 제공하는 레스토랑 이외에 다른 레스토랑은 없고 작은 마트가 있지만 종류가 한정적이고 가격도 비싸서 맥주와 음료수를 가득 싣고 차로 운전해서 왔었지. 그리고 가애네 가족과 커넥팅룸으로 방이 연결되어 있어서 아이들이 정말 신나게 놀았어.

방에서 노는 아이들, 저녁 식사는 하고 놀아야지

G: 맞아. 커넥팅룸이어서 아이들이 잠을 잘 때 빼고는 계속 들락날락거렸지. 그리고 섬이라서 삼시 세끼 식사를 모두 포함해서 예약했었어. 매일 거의 같은 음식이 제공되었지만 편리했어.

그리고 나는 라구나 호텔 앞에 있었던 해변도 너무 좋았어. 말레이시아에서 본 적이 없는 너무 깨끗한 비치였잖아. 세상에 그렇게 많은 물고기와 함께 수영을 하는 것이 가능한가 싶었어. 수영할 때 작은 물고기들이 입안으로 들어가는 것은 아닌가 우려될 정도였어.

호텔 앞 비치에서

K: 내 딸은 물고기가 자기를 잡아먹을 거라면서 무서워했어. 그리고 해변에는 자갈들이 많아서 꼭 비치용 신발을 신어야 해. 라구나 호텔의 수영장은 어린이용 얕은 수영장과 워터 슬라이드가 있어서 첫날은 하루 종일 수영장에서 시간을 보냈지. 그리고 그날은 아주 특별한 날이었잖아.

라구나 호텔 수영장

G: 맞아. 그날은 조아의 생일이어서 저녁 후에 간단한 생일 파티를 했었는데 아직도 조아는 가끔 그때 이야기를 하곤 해. 본인이 아기였을 때 르당섬에서 생일 파티를 했었다고 말이야

조아 생일

(마치 지금은 큰 언니가 된 듯한 말투로... 하하). 둘째 날은 호텔에서 제공하는 배를 타고 스노클링을 갔었지. 카스미는 어땠어?

K: 둘째 날은 하루 종일 스노클링을 하며 시간을 보냈지. 트렝가누에서 탔던 배와 달리 창문이 없는 작은 스피드 보트를 타고 스노클링을 하러 갔었어. 아주 깊~은 바다에 뛰어들어서 아름다운 산호들과 다양한 물고기들을 보았는데 너무 깊어서 아이들이 좀 무서워했었지.

모두 함께 스노클링

G: 우리 가족에게는 그때가 첫 스노클링이었어. 통통통통 가는 배가 우리를 바다 한가운데에 떨구었는데, 수영에 익숙한 나였지만 이렇게 아무 장비 없이(물론 데카트론에서 산 초보용 스노클링 장비를 착용하고 있었지만) 끝이 보이지 않는 깊은 물속으로 뛰어내리는 것이 여간 가슴이 두근두근한 것이 아니었어. 하지만 깊은 바닷속에서 예쁜 산호와 아름다운 색의 화려한 물고기들을 보니 또 다른 세상을 구경하는 느낌이 들어서 너무 재미있었어. 물론 나의 두 딸들이 무섭다고 물속에서 자꾸 나를 누르고 일어서려고 해서 고생은 좀 했지만 말이야.

K: 물이 너무 깨끗해서 마치 공중에서 날아다니는 것 같은 기분이 들었어. 이상하지만 아름다운 경험이었지. 우리 아이들도 계속 나를 물속으로 밀어 넣어서 만약에 구명조끼를 입고 있지 않았다면 매우 위험했을 거야. 우리는 스피드보트를 타고 산호가 아름다운 포인트, 물고기가 많은 포인트 등등으로 계속 이동했어. 우리는 하루 종일 배를 타고 이동한다는 것을 알고 있어서 아침에 멀미약을 먹었는데 가애 가족은 괜찮았어?

G: 나와 아이들도 멀미약을 먹고 엄청난 속도로 달리는 통통배를 탔는데 준은 먹지 않고 버티다가 멀미 때문에 크게 당황했었어. 다음 포인트는 거북이 섬이었지. 태어나서 그렇게 많은 바다거북을 본 것도 처음이었는데 큰 바다거북이 사람을 향해 돌진해 오는 것이 아주 장관이었어. 전혀 사람들을 두려워하지 않고 무심하게 툭툭 치며 '안

비키면 물 거야' 하며 쓱 보고 지나가는 모습이 인상적이었지. 거북이에게 먹이도 주고 만져도 보고 정말 신기하고 값진 체험을 했어.

안 비키면 물 거야. 거북이

K: 물이 깨끗해서 거북이들이 우리 쪽으로 헤엄쳐 오는 모습을 자세히 볼 수 있었잖아. 거북이들이 조금의 망설임도 없이 눈앞까지 와서 나의 손에 있는 오징어를 낚아챘는데 생각보다 너무 커서 놀랐어. 새 부리처럼 아주 날카롭고 딱딱한 입으로 나를 물어 버릴 것만 같아서 가까이 오면 오징어를 놓아주었지. 아이 몸집만 한 크기의 거북이가 돌아다니니 근처에서 헤엄치기가 무서웠는데 그들은 먹이에만 관심을 둘 뿐 사람들에겐 별로 상관을 하지 않더군. 하하. 그래서 살짝 조심스럽게 뒤에서 거북이의 등껍질을 만져 보았는데 약간 끈적끈적했어. 내 딸은 무서워했지만 아들은 거북이를 너무 좋아해서 계속 먹이를 주고 만지고 즐거워했어. 그는 심지어 거북이 열쇠고리까지 샀잖아. 하하. 르당섬은 어른과 아이들 모두 즐길 수 있는 멋진 여행 장

소야. 지금까지 갔던 말레이시아 여행 중 최고의 장소라고 생각해.

G: 거북이 체험도 정말 인상 깊었지만, 가장 기억에 남고 다시 한번 르당섬에 가고 싶은 마음을 불러일으키는 장소는 샌드비치야. 카스미, 샌드비치 기억나?

샌드비치에서 놀고 있는 아이들

K: 맞아. 르당섬에서 잊을 수 없는 또 하나의 기억을 만들어 준 곳이었지. 처음에 르당섬에 갔을 때는 호텔에서 운영하는 보트를 타고 정해진 코스만 가 보았었어. 그런데 이번에는 우리가 개인적으로 보트를 빌려서 이동했잖아. 그래서 모래로만 이루어진 아름다운 작은 섬

에 가게 되었지. 하루 동안 우리가 머무르고 싶은 곳에서 맘껏 즐길 수 있어서 좋았어.

샌드비치

G: 그래. 조식을 먹고 호텔에 배를 예약하러 갔는데 우리가 인원이 너무 많아서 호텔 프로그램을 예약하지 못했지. 그래서 배를 대여해서 투어를 했는데 너무 좋은 선택이었어. 정해진 곳을 가지 않고 선장님에게 부탁해 가장 깨끗하고 예쁜 비치를 데려가 달라고 해서 갔던 곳이었잖아. 영화나 광고에서나 볼 수 있는 너무나 깨끗하고 아름다운 샌드비치였어. 바다 한가운데 우뚝 솟은 모래로만 이루어진 비치였는데 지금까지 봤던 어떤 비치보다 환상적이었어. 그곳을 위해서라면 몇 번이라도 르당섬에 다시 갈 수 있을 것 같아.

샌드비치

K: 모래는 하얗고 아름다웠어. 우리는 360도 파노라마로 맑은 바다를 볼 수 있었고 언제고 다시 가고 싶은 장소야. 게다가 샌드비치에는 다른 관광객이 아무도 없어서 우리들만의 섬처럼 느껴졌지. 우리 머리 사이즈만 한 큰 조개껍질을 발견했던 기억도 난다.

G: 맞아. 다양한 모양의 조개껍질을 찾느라 아이들이 혈안이 되어 있었어. 하하. 그날 우리는 호텔에서 제공한 핫팟을 저녁 식사로 먹고 다음 날 아침 짧게 호텔 앞의 비치에서 논 후 르당섬과 아쉬운 작별을 했어. 기회가 된다면 꼭 다시 한번 가자! 3일은 르당섬의 바다를 즐기기에 너무 짧아.

K: 다음번에는 꼭 길게 머무르자!

아름답고 한적한 르당섬

2. 호캉스와 액티비티를 원한다면 랑카위!
(말레이시아의 제주도, 랑카위에서 휴가를 즐기세요)

G: 2021년은 코로나바이러스가 전 세계를 점령한 해였지. 락다운으로 아이들은 학교를 가는 날보다 안 가는 날이 많았고 회사원들은 재택근무를 시작했어. 처음의 스트레스와 무질서가 어느 정도 자리를 잡고 답답한 생활에 익숙해졌던 2021년 10월 말레이시아 정부가 말레이시아 거주자에게 여행을 개방한 곳이 Langkawi(랑카위)였잖아. 그래서 우리는 당연히 랑카위로 떠났지.

K: 그전까지는 비행기 탑승 전에 PCR 음성 결과를 제출해야 했지만, 여행 직전에 이 규정이 폐지되어서 편하게 비행기에 탑승할 수 있었지. 비행기 타기 전날 가애의 집에서 핼러윈 파티를 즐겼었잖아. 아이들은 핼러윈 코스튬을 입고 사탕과 초콜릿을 받으러 핼러윈 장식이 되어 있는 집들을 돌아다녔어. 그래서 다음 날 단 것으로 가득 찬 가방을 들고 공항에 왔었지. 그리고 이번에도 세 가족이 함께 여행을 하게 되었어.

2021년 핼러윈 파티

G: 그래. 랑카위 가기 전날 핼러윈 파티를 같이 했었지. 매해 하는 핼러윈 파티 때문에 우리 집 냉장고에는 항상 사탕과 초콜릿으로 가득 차 있어. 그리고 이번에는 카스미 가족과 친한 말레이시아 차이니즈 가족도 함께 여행을 같이 갔어. 쿠알라룸푸르에서 비행기로 1시간 거리에 있는 랑카위는 말레이시아의 대표적인 여행지야. 한국의 제주도 같은 곳이라고 할까? 나는 이번이 두 번째 랑카위 여행이었어.

K: 우리는 랑카위는 처음이었어. 말레이시아에 오기 전에 랑카위 여행 가이드북을 샀지만 한 번도 보지 않았지. 하하. 그래서 우리는 아무런 계획을 세우지 않고 여행을 떠났어. 처음 랑카위에 갔을 때는

어땠어?

G: 2019년 랑카위에 갔을 때 우리는 탄중 루 비치에 있는 탄중 루 리조트에 머물렀었어. 한국에서 친한 친구가 아이 둘을 데리고 놀러 와서 아빠들 없이 랑카위에 갔었거든. 그 당시 둘째 아이들이 만 2살, 3살로 너무 어렸고 에너지 없는 엄마들끼리 간 여행이었기 때문에 많은 곳을 둘러보지 못하고 호텔 앞의 탄중 루 비치만 즐기다 왔었어. 물론 그것만으로도 좋았지만 말이야. 하루 종일 수영하고 맛있는 음식을 먹고 여유 있게 즐기다가 왔어. 랑카위에는 더 리츠칼튼, 세인트레지스, 포시즌 호텔과 같은 대형 체인 호텔뿐만 아니라 더 다타이, 펠랑기 등의 말레시이시아의 느낌을 흠뻑 느낄 수 있는 5성급의 좋은 리조트들이 많아. 가격도 합리적이기 때문에 호캉스를 원한다면 랑카위를 적극 추천해! 또한 랑카위는 술과 초콜릿 면세 지역이기 때문에 술을 좋아하는 사람들에게는 더욱 즐길 거리가 많은 여행지이지.

K: 아빠 없이 엄마들이 아이들 돌보는 여행…. 상상만 해도 지칠 것만 같아. 하하. 하지만 이번에는 아이들을 돌볼 수 있는 세 명의 아빠가 있어. 예! 우리가 간 호텔은 더 다나 랑카위 호텔이었어. 번화가인 체낭 비치와는 차로 20~30분 떨어져 있는 곳이었지. 우리는 호텔에 도착해서 웰컴드링크와 간단한 마사지를 받고 방이 준비될 때까지 호텔을 돌아다니며 시간을 보냈어. 근데 디파발리 휴가 시즌이라서 굉장히 붐빌 거라고 생각했는데 사람이 없어서 이상했지.

호텔에 도착해서(더 다나 랑카위), 호텔에 장식되어 있던 디파빌리 랑골리 장식

G: 맞아! 디파빌리 연휴였는데 이상하게 호텔에 사람이 별로 없었어.

아마도 다른 나라 하늘길이 열리지 않아서 사람이 없었던 것 같아. 게다가 번화가 지역이 아니었잖아. 그래서 조용하게 휴가를 즐길 수 있었지. 더 다나 랑카위 호텔은 예쁜 정원과 넓고 탁 트여 있는 수영장이 있어 마음에 쏙 든 호텔이었어.

수영장에서

K: 첫째 날, 날씨가 그렇게 좋지는 않았지만 르당섬에서처럼 아주 특별한 날이었잖아. 이번에는 서린이의 생일이어서 리조트에서 파티를 했었지. 운이 좋은 아이들이야!

빗속에서 춤추기, 행복했던 서린이 생일 파티

G: 그러니까. 이번 랑카위 여행 때는 서린이의 생일이 여행 일정과 겹쳐서 생일 파티를 했네. 다른 호텔에서 랑카위를 즐기고 있던 이웃 가족들도 와서 함께 생일을 축하해 주었지. 아이들은 빗속에서 춤을 추고 수영도 하고 행복한 시간을 보냈어.

아이들이 나중에 커서도 오래 기억할 수 있는 생일을 보낸 것 같아.

호텔방에서 바라본 랑카위

K: 그녀의 특별한 날을 함께 축하해 줄 수 있어서 우리도 행복했어. 호텔 식당에 다른 손님들이 없어서 아주 편안하게 파티를 즐길 수 있었어. 수영장에서 수영을 하다가 비가 갑자기 세차게 내려서 룸에 있는 발코니의 수영장에 가서 또 신나게 놀았지. 다음 날은 구름이 많이 낀 흐린 날이었는데 가애네 가족은 조식을 먹기도 전에 나갔었지?

룸 발코니에서 파티, 피곤해서 곯아떨어진 아이들

G: 여행을 가면 늦잠도 자고 해야 하는데 우리 가족은 항상 일찍 일어나게 되더라고. 아침 일찍 일어나서 호텔 앞 해변을 산책하면서 사진도 찍고, 뜬금없이 해변에 소가 있어서 구경한 후에 조식을 먹으러 갔어. 조식의 가짓수가 많지

맛있었던 조식

는 않았지만 음식이 꽤나 맛있고 정갈해서 머무는 내내 만족스러운 식사를 했어.

K: 나는 딸 에레나에게 랑카위에서 가장 좋았던 것 한 가지가 무엇이었냐고 물어봤더니 '조식'이라고 대답했어. 하하. 그녀는 항상 아침

식사로 무엇을 먹을지 오랜 시간 고민하는데 더 다나 랑카위 호텔의 조식은 정말 맛이 있었나 봐. 둘째 날 우리는 드라이버의 추천으로 현지 쇼핑몰에 갔었지. 우리는 그 쇼핑몰에서 밥을 먹고 쇼핑을 하려고 했는데 그곳은 여행자를 위한 쇼핑몰이 아니었기 때문에 쇼핑할 물건들이 별로 없었어. 코로나 기간 동안 랑카위는 오랜 시간 관광객이 없어서 많은 가게들이 문을 닫을 수밖에 없었다고 해. 어쨌거나 우리는 아이들의 바틱 옷과 자스민차를 샀었어. 그리고 투어를 하러 갔지.

맹그로브 숲

G: 우리 세 가족은 랑카위에서 유명한 맹그로브 투어를 했는데 나는 보트 투어는 처음이어서 매우 색다른 느낌이 들었어. 특히 뿌리를 드러내고 강에서 서식하는 맹그로브 숲이 인상적이었어. 내가 좋아

하는 영화 <라이프 오브 파이>에서 미어캣이 살던 숲이 떠올라서 환상적인 느낌을 받았지. 또 그 숲에서 살고 있는 원숭이들이 우리를 구경하는 모습도 재미있었어. 다만 맹그로브 숲에 쌓여 있는 쓰레기들을 보니 참 마음이 안타까웠어. 말레이시아는 멋진 곳이 많은데 어딜 가나 쓰레기들이 버려져 있어

독수리는 어디에 있나?

서 그 광경을 방해하곤 하지. 그리고 독수리 서식지에 가서 랑카위를 상징하는 멋진 독수리도 가까이에서 보고 박쥐 동굴도 가며 알차게 시간을 보냈어.

카스미는 어느 곳이 가장 인상적이었어?

동굴

K: 나 역시 맹그로브 숲이 인상적이었어. 내가 일본에 있을 때 말레이시아 하면 떠올렸던 것이 정글이었거든. 그런데 쿠알라룸푸르에서는 정글을 보지 못했어. 랑카위에서 처음 이러한 정글 숲을 보게 되었고 자연의 힘에 큰 감명을 받았어. 그리고 작은 물고기에게 밥을 주는 것도 재미있었어. 나는 바다를 전혀 볼 수 없는 산간 지역에서 컸기 때문에 물고기에게 밥을 주고 바다를 바라보면서 온종일 시간을 보낼 수 있어 좋았어. 나의 아들 유마는 박쥐 동굴이 가장 인상 깊었다고 해. 박쥐들이 동굴에서 거꾸로 매달려 있는 것을 실제로 보게 되어서 흥미로웠나 봐. 그리고 해산물 식당에서 아이들이 가오리를 만졌던 것 기억나?

가오리 만지기 체험

아이들은 땅바닥에 납작 엎드려서 가오리를 만지려고 손을 뻗었는데 더러운 물속에 애들이 빠질까 봐 너무 걱정했잖아. 가애의 아이들은 어디를 가장 좋아했어?

체낭 비치를 바라보며 식사

G: 우리 아이들은 에코 비치가 가장 기억에 남는다고 했어. 우리가 소리를 지르면 메아리가 되어 돌아오는 곳이었는데 어른에게는 특별할 것이 없는 곳이 아이들에게 인상 깊었다고 하니 아이들의 속은 알 수가 없어. 하하. 그리고 저녁에는 체낭 비치에 가서 저녁을 먹었지. 우리 숙소 있는 곳과는 달리 랑카위 번화가인 체낭 비치 쪽에 사람들이 북적거리는 것을 보고는 깜짝 놀랐어. 체낭 비치에서 일몰을 즐기는 사람들을 바라보며 식사를 했어. 체낭 비치 쪽에 호텔을 잡으면 투어리스트의 기분을 맘껏 즐길 수 있을 것 같아.

보트에서

K: 우리가 간 레스토랑은 해변가에 위치한 곳이었는데 시원하고 탁 트인 공간이었어. 바다를 바라보며 먹는 음식은 항상 맛있지만 이곳의 해산물은 꼭 다시 한번 찾아가고 싶을 정도로 맛있었어. 다음 날 아침에는 호텔 앞의 해변에서 놀았지.

해변 산책

비치의 모래사장에는 작은 구멍들이 많이 있었는데 그 구멍을 조금 파면 많은 게들이 튀어나왔지. 게들을 보고 아이들이 이리저리 뛰어다니며 즐거워했어. 물론 집게발에 물릴까 봐 무서워 소리 지르면서 말이야. 하하. 오후에는 파라다이스 101이라고 불리는 작은 섬에 갔

없어. 크고 깨끗한 보트를 타고 이동하니 뱃멀미도 없어서 좋았어. 배 안에서 멋진 사진들도 많이 남겼지.

게 잡기

G: 호텔 앞 해변에는 작은 게들이 정말 많았어. 밟을까 봐 조심스럽게 발을 디뎌야 했지. 게 잡는 법을 배우면서 아이들이 정신없이 노는 동안 어른들은 해변 비치 의자에 앉아 음료수도 즐기고 행복한 시간을 보냈어. 그리고 셋째 날에 더 다나 랑카위 호텔 근처의 파라다이스 101에서 데이 투어를 신청했지. 멋진 페리를 타고 이곳저곳을 다녔어. 사람이 없는 작은 섬에서 수영도 하고 원반던지기를 하면서 놀았지. 그리고 파라다이스 101에서 석양을 바라보며 저녁 식사를 한 것도 기억에 남아.

파라다이스 101에서 저녁 식사, 담수호

K: '담수호'라는 호수에 갔던 것 기억나? 여행 가이드 직원이 '맑은 물 호수'에 간다고 해서 잔뜩 기대했었는데…. 산의 한가운데에 있었던 '담수호'는 가이드의 설명과 다르게 녹색의 물이었잖아. 그곳을 가기 위해 공격적인 원숭이들을 피해 다니며 20분 넘게 하이킹을 해서 갔는데 말이야. 깨끗해 보이지 않아서 들어가고 싶지 않았지만 아이들은 전혀 신경 쓰지 않고 물속으로 뛰어들었지. 하하. 그날은 우리의 마지막 날이었어. 하지만 가애네 가족만 이틀 더 머물렀었지?

아무도 없는 수영장에서 수영하기

G: 응. 우리 가족은 두 가족이 떠난 후 이틀을 랑카위에서 더 머물렀어. 이틀

동안 오전에는 관광을, 오후에는 3~4시간 실컷 수영을 하고 저녁에 레스토랑에 가서 식사를 했어. 지인의 말을 듣고 아침 일찍 오픈하는 시간에 맞추어 랑카위 스카이 케이블카를 타러 갔는데 아주 좋은 선택이었어. 시간이 조금 지나니까 사람들이 굉장히 많아져서 하마터면 오랜 시간 기다려야 했을 거야. 바람 때문에 흔들리는 스카이 케이블카 안에서 아이들은 소리를 질렀고 나 역시 너무 무서워서 밑을 제대로 볼 수 없었지만 꽤 재미있었어. 유리로 만들어진 하늘 다리도 건넜는데 그날따라 바람이 많이 불어 간이 콩알만 해져서 한 걸음 한 걸음 내디뎠던 기억이 나. 지난번에 우리 같이 갔던 KL 타워의 유리 상자에서처럼 말이야. (덜덜)

K: KL 타워 유리 상자에 갔던 것은 나에게 큰 도전이었어. 가애가 그 유리 상자에서 사진을 찍고 싶어 해서 들어갔지만, 나 혼자였다면 절대 가지 않았을 거야! 하하. 강풍과 함께 하늘 다리를 걷는 건 어떨지 상상하기만 해도 떨리는걸! 하지만 다시 랑카위에 간다면 나도 시도해 보고 싶어. 공기가 매우 깨끗하고 상쾌할 것 같아.

강풍 속에서 하늘 다리 걷기

G: 응. 높은 곳의 공기는 상쾌했어. 그리고 오후에는 사람이 많지 않은 호텔 수영장에서 아이들은 계속 수영을 하고, 나와 준은 벤치에서 책도 보고 수영도 하면서 시간을 보냈어. 그리고 저녁에 랑카위에서

유명한 Scarborough Fish & Chips에 갔는데 해변 바로 앞에 위치하고 있는 아름다운 작은 레스토랑이었어. 음식도 아주 맛있고 분위기도 좋아서 이틀 내내 가서 식사를 했어. 다음에 다시 갈 기회가 있다면 그 레스토랑에 같이 가자.

Scarborough Fish & Chips 레스토랑과 레스토랑 앞 해변

K: 너무 멋진 식당이다! 나는 다음번에는 랑카위에서 유명한 선셋크루즈와 카약을 즐기고 싶어. 또한 엄마들과 함께 스파와 마사지를 하는 것도 좋을 것 같아.

G: 맞아. 선셋크루즈를 해 보지 못한 것이 아쉬워. 그리고 제트스키도 빼놓을 수 없지. 다시 한번 랑카위를 가야 할 이유가 생겼네. 그리고 'Mum's time'은 우리의 다음 여행을 위해 남겨 둔 걸로….

3. 코타키나발루(노을만 있는 것은 아니랍니다)

호텔에서, 바닷바람을 즐기는 아이들

G: 이번 여행은 Kota Kinabalu(코타키나발루)!

2022년 3월 아이들의 term2 break 기간 동안 동말레이시아의 코타키나발루로 여행을 떠났어. 말레이시아로 이주 온 후 이번이 첫 번째 동말레이시아로의 여행이었어. 유난히 추운 에어아시아의 비행기에서 2시간 40분을 덜덜 떨다가 KK 공항에 도착했지. 한국에서는 몇 해 전부터 그리스 산토리니섬, 남태평양의 피지섬과 함께 세계 3대 석양으로 꼽히는 코타키나발루가 가성비 좋은 휴양지로 인기를 끌고 있어. 그래서 나도 언젠가는 꼭 가 봐야지 하고 생각하고 있던 곳이야.

K: 나도 이번이 첫 동말레이시아 여행이었어! Sabah(사바)에서 유괴나 해적 사건이 있어서 나는 동말레이시아가 조금 위험하다는 인식을 가지고 있었거든. 하지만 이번 여행을 통해서 위험한 곳이 아니라는 것을 알았어. 한국에서 코타키나발루가 인기 있는 여행지구나! 일본에서는 코타키나발루가 위험 지역으로 정해져 있어서 코타키나발루행 직항이 없어. 그래서 정보도 많이 없지. 이번에 코타키나발루에 가 보니 여기저기에서 한국어가 많이 보이더라. 코타키나발루에 살고 있는 한국인이 많이 있는 걸 느꼈어.

G: 그래서 코타키나발루에서 일본 사람들을 거의 볼 수 없었구나. 이번에 우리는 에어아시아를 타고 여행 갔잖아. 에어아시아의 비행 스케줄 변동(악명이 높음)으로 원래 계획보다 1시간 빠른 8시 30분 비행기에 올라야만 했었지. 새벽 4시 30분에 기상해서 피곤한 몸을

이끌고 코타키나발루의 샹그릴라 탄중아루 호텔에 도착했지. 다행히 호텔은 공항에서 차로 10분 정도밖에 걸리지 않는 거리에 있었어. 우리가 예약한 샹그릴라 탄중아루 호텔은 가족 여행객에게 꽤나 인기 있는 곳이야. 멋진 석양을 호텔 앞에서 감상할 수 있을 뿐만 아니라 작은 워터 파크 같은 수영장을 즐길 수 있지. 또한 호텔에서 제공하는 보트로 아일랜드 투어도 가능한 곳이었어. 무계획으로 온 우리들은 앞으로 어떻게 일주일을 보내게 될까? 사실 첫날부터 아주 바쁜 하루를 보냈지.

샹그릴라 수영장

K: 그러게. 작년부터 계속 코타키나발루에 같이 가자고 얘기하다가 겨우 이뤄졌는데 우리는 아무 계획을 안 하고 있었어! 하하. 일주일간의 체류였으니까 여유로운 마음이 있었지.

호텔에 도착해서 점심 먹고 바로 수영장에서 놀았어. 세 종류의 미끄럼틀이 있고 양동이 스플래시 기구도 있어서 아이들이 너무 잘 놀았잖아. 우리도 햇살을 만끽하며 여유로운 시간을 보냈지. 그리고 저녁 식사가 너무 좋았어. 해변가 테이블에서 아이들은 음악에 맞춰 춤을 추고 어른들은 노을을 바라보며 BBQ를 즐겼어.

그리고 파이어댄스 기억나지? 토요일만 하는 공연인데 운 좋게 볼 수 있었지. 눈앞에서 공연자가 불을 삼키고 피부에 불을 붙이고… 굉장히 박진감 넘쳤어.

불꽃쇼

G: 말레이시아 공립학교와 국제학교는 방학 기간이 다른데 그 주가 마지막으로 겹치는 기간이라서 호텔에 사람이 정말 많았어. 수영장이 물 반 사람 반이었지만 그런 것이 문제가 될 아이들이 아니지. 아이들은 수십 번을 넘게 슬라이드를 타고 잠수 시합을 하면서 3시간 넘게 수영을 했었지. 저녁 식사 시간은 정말 좋았어. 환상적인 노을과 아이들의 지칠 줄 모르는 댄스와 수다 그리고 웃음소리. 모든 것이 완벽했던 여행 첫날을 보냈어.

조식을 즐기는 아이들과 멋진 야외·실내 식사 공간

호텔 식사

G: 다음 날은 Horizon Lounge에서 새소리 들으며 조식을 먹고, 호텔 선착장에서 구명조끼와 타월 등을 빌려 10분 정도 배를 타고 Manukan Island(마누칸섬)으로 향했어.

호텔에서 제공하는 페리로 섬 가는 길

하지만 안타깝게도 사람이 너무 많아 물이 탁했고 바다 위에 쓰레기들이 둥둥 떠다녀서 바다를 많이 즐기지 못한 채 호텔로 돌아왔었어.

K: 그래. 마누칸섬은 그날 파도가 있어서 스노클링을 하기에 탁했고 파도가 세서 애들이 조금 무서워하더라. 호텔로 돌아와 수영장에서 놀고 점심을 먹은 다음 아이들은 키즈클럽에 갔어. 에레나가 키즈클럽에 가기 싫다고 울고 있었는데 서린이 에레나의 손을 잡고 같이 키즈클럽에 가서 우리들은 무사히 어른들만의 시간을 가질 수 있었지!

G: 응. 샹그릴라 탄중아루 호텔은 주말에 아이들을 돌봐 주는 키즈 클럽이 있어서 아이들을 맡기고 코타키나발루 시내의 최대 규모인 IMAGO 쇼핑몰에 갔어. 만약에 우리가 말레이시아에 거주하고 있지 않았다면 쇼핑할 만한 것이 더 많았겠지만 코타키나발루 특산물인 사바차와 간단한 간식거리만 사서 호텔로 돌아왔어.

IMAGO MALL

나중에 가 보니 에레나는 누구보다 더 즐겁게 키즈클럽에서 게임을 즐기고 있던걸! 저녁에 우리 가족은 샹그릴라 탄중아루 호텔에서 걸어서 5분 거리에 있는 다리스낭이라는 한식집에 가서 맛있는 저녁 식사를 했어. 카스미 가족은 그랩으로 저녁을 시켜 먹었지?

K: 그래. 에레나를 데리러 갔더니 신나게 뛰어다녔어. 컵케이크를 만들고, 게임을 하면서 아이들은 매우 즐거웠던 것 같아. 키즈클럽에서

돌아온 후 내 아이들은 방에서 구몬을 했고 우리는 그랩 푸드로 판미를 주문해서 방에서 먹었어. 아이들은 저녁 식사 후 키즈클럽에서 영화를 보기로 약속했기 때문에 빛의 속도로 구몬을 끝냈어. 하하. 그리고 영화 후에 우리가 그들을 데리러 온 것을 깨닫지 못할 정도로 그들은 집중하고 있었지.

배낚시

G: 둘째 날도 알차게 시간을 보내고 다음 날은 한국인 선장님이 운영하는 배낚시 프로그램을 신청해서 낚시와 스노클링을 했지. 우리 모두 성인이 된 후 처음으로 하는 배낚시였는데 생각보다 너무 재미있었어. 처음에는 모두 감을 잡지 못해서 멍하니 낚싯대만 바라보고 있었잖아. 나중에는 아이들이고 어른이고 할 것 없이 물고기 잡는데 혈안이 되어 꽤 많은 물고기를 잡았어. 카스미는 배낚시 어땠어?

낚시 후 배 위에서 식사

K: 나는 물고기가 먹이를 먹을 때 낚싯대에 전해지는 감각을 전혀 느낄 수 없었어. 하하. 서린이 제일 먼저 물고기를 잡은 이후로 아이들은 배 직원과 몇 번이고 물고기를 낚아 올렸어. 물고기를 계속 잡지 못한 사람은 가애와 나뿐이었지. 하하. 먼저 가애가 멋지게 물고기를 잡았고, 그 후에야 나도 작은 물고기를 잡을 수 있었어! 낚싯대에 미세한 진동이 와서 실을 감아도 물고기가 먹이만 먹고 도망치는 일이 많아 낚시하는 것이 쉽지는 않았지만 너무 즐거웠

낚시 후 스노클링

어! 또 가고 싶어!

낚시 후 선장님이 준비해 주신 한국 음식도 맛있었어.

G: 맞아. 우리가 꼴찌였어. 하하. 배낚시 후에 선장님이 우리가 잡은 물고기로 회를 만들어 주시고 여러 가지 해산물 요리를 배 위에서 먹었는데 그것도 참 재밌는 경험이었어.

그리고 다음 날 우리 가족은 차량 투어를 이용해서 몇 군데 관광지를 둘러보았어. 처음에 악어 농장을 갔는데 생각보다 아이들이 좋아해서 오랜 시간 구경을 했어. 그런데 악어 우리의 담이 걱정될 정도로 너무 낮아서 조심조심 발걸음을 움직여야 했지. 악어 쇼를 구경하고 나와서는 키나발루산으로 갔어. 길은 구불구불하고 도로 사정이 좋지 않고 날씨까지 흐렸기 때문에 키나발루산 전망대까지 너무 오랜 시간이 걸렸지. 카스미 가족은 섬을 갔지?

악어 농장과 라플레시아

K: 가애가 보여 준 악어 농장 사진 너무 스릴이 넘쳐 보였어. 서린이 악어 아기를 안고 있었지? 아주 멋진 체험을 했네! 우리는 그날 사피아노섬에 갔어. 마누칸섬보다 물이 맑고 물고기가 더 많았어. 파도도 잔잔해서 스노클링하기에 안성맞춤이었지. 그리고 I LOVE KK 포토 스폿에서 사진을 찍고 저녁에 해산물 레스토랑에서 가애 가족과 만났지.

사시미 해산물 레스토랑, 솔티드에그새우

G: 우리는 9시에 투어를 시작해서 저녁 6시가 넘어서야 시내에 도착할 수 있었어. 그래도 아이들이 보고 싶어 했던 라플레시아(강렬한 악취가 나는 세계에서 제일 큰 꽃)를 실제로 보아서 만족했어. 시내에서 카스미 가족과 유명한 해산물 레스토랑에 갔는데 굉장히 저렴한 가격으로 맛있는 해산물을 맘껏 먹을 수 있었어. Salted egg fried squid가 너무 맛있었어. 그리고 코타키나발루에서는 해산물을

먹어야 하는구나 생각하고 다음 날에도 다른 해산물 레스토랑을 예약했지. 다음 날은 오랑우탄을 볼 수 있다는 Wildlife park를 방문했었지?

Wildlife park

K: 역시 코타키나발루에서는 해산물 요리를 먹어야 해!
Wildlife Park는 산속 조용한 곳에 만들어 놓은 동물원인데 추천할 만한 곳이었어. 동물들을 정말 가까운 거리에서 지켜볼 수 있었지. 코끼리나 소 등이 화가 나서 울타리를 넘어 사람을 공격하면 어쩌지라는 생각이 들더라니깐. 하하. 코주부원숭이 보스가 우리에게 공격하려던 것 기억나? 다행히 유리벽이 있어서 괜찮았지만 유리가 깨질 정도로 그는 강하게 유리에 몸을 부딪히면서 공격을 해 왔지.

와일드라이프파크 동물원의 코주부원숭이(무서운 원숭이들)

그리고 이 동물원은 자연산의 일부를 이용해 동물 사육 장소를 만들었기 때문에 동물원 특유의 냄새는 별로 느끼지 못했어.

G: 정말 Wildlife Park는 동물원 특유의 냄새가 덜 났어. 사람도 많지 않고 산책을 하면서 돌아다니기에 좋은 곳이었어. 한국에서는 볼 수 없는 다양한 커다란 새들을 볼 수 있고, 세상에서 가장 작은 곰인 귀여운 태양곰도 보고 코앞에서 거대한 코끼리도 만났어. 코주부원

숭이의 갑작스러운 습격으로 우리 모두 소리 지르고 난리가 났었지. 유마가 떨지 않고 그 장면을 비디오로 찍어서 우리 아이들도 가끔 그 비디오를 보면서 까르르 웃곤 해. 하하. 이곳은 일반적인 동물원이라기보다 자연 속에서 동물들을 만나는 것 같은 느낌을 주는 야생 공원 같은 곳이었지. 아이들도 어른들도 모두 만족한 장소였어. 문제는 시내와 동떨어진 곳에 있어서 돌아갈 때 그랩을 잡는 데 1시간 정도 기다렸다는 사실! IMAGO Mall에서 점심을 간단히 먹은 후 호텔로 돌아와 아이들은 아빠들과 수영장에 가서 놀고, 우리는 I LOVE KK 포토 스폿에서 사진을 찍고 카페를 갔었어.

I LOVE KK

그랩 기사에게 약간의 지불을 하고 사진을 찍어 달라고 요청했었지. 하하.

KK Cafe

K: 그래그래. 그 후 미리 검색해 본 카페에 갔는데 그날 그 카페는 쉬는 날이었어.

Biru Biru Cafe

그래서 우리는 주변을 조금 걷다가 다른 카페를 찾았어. 은신처 같은 로프트 자리가 있는 아늑한 분위기의 카페에서 프렌치토스트를 주문했지. 양이 많아 둘이서 다 먹지도 못했어. 하하. 배부르긴 했지만 호텔로 돌아와서 라운지에서 애프터눈 티를 즐기고 모두 해산물 레스토랑에 갔지.

G: 아무리 배가 불러도 라운지의 애프터눈 티는 지나칠 수 없지.

그 후에 우리는 해산물 식당에 가서 엄

호텔에서 제공하는 애프터눈 티

청난 해산물들을 아주 저렴한 가격으로 즐겼어. 활어회, 생새우회, 오징어튀김, 생선구이, 각종 중국식 야채볶음 그리고 볶음밥까지 배불리 먹었지. 다음 날은 카스미 가족이 추천한 사피섬에 모두 함께 갔었지. 정말 좋았어.

맑은 물의 사피섬, 니모 집

만화에서나 볼 수 있었던 니모와 니모 집도 보고 성게와 다양한 아름다운 색의 물고기를 만날 수 있었어. 섬에 관광객도 별로 없었고 물도 깨끗해서 너무 행복한 시간을 보냈어.

사피섬

K: 사피섬은 물이 맑을 뿐만 아니라 물고기도 많고 파도가 잔잔해서 아이들도 스노클링을 즐길 수 있었지. 니모네 가족은 정말 귀여웠어. 시간 가는 줄 모르고 계속 바라보고 있었지. 섬에 갔다 온 후 어른들은 너무 피곤해서 정신을 못 차렸지만 아이들은 첫날인 것처럼 또다시 수영장에서 놀았어. 서린이와 유마는 아빠들과 노 젓는 보트에 도전했지. 같이 새로운 일에 도전하는 멋진 경험을 했어.
우리는 오후에 먼저 KL로 돌아왔었는데 그다음은 어땠어?

카약 타기, 아름다운 노을

G: 우리는 마지막 밤에 호텔에서 코타키나발루의 노을을 즐겼어. 샹그릴라 탄중아루 호텔에는 저녁에 노을을 감상할 수 있는 바에서 음식과 음료를 즐길 수 있는 코스가 있어. 일부 자리는 누워서 노을을 바라볼 수 있도록 소파 베드가 있는데 사전에 신청하지 않으면 이용할 수 없을 정도로 인기야. Sunset Bar에서 그릴 바비큐와 음료를 즐기면서 말로는 설명할 수 없는 수없이 많은 오묘한 색을 띠는 노을을 바라보았는데 왜 코타키나발루가 노을로 유명한 곳인지 알 수 있었지.

마지막 밤을 노을로 물들이고 다음 날 오전에 아이들과 신나게 수영을 한 후 쿠알라룸푸르로 돌아왔어. 카스미는 코타키나발루의 매력이 무엇이라고 생각해?

마지막 날 선셋바에서

K: 매력은 다양한 액티비티를 즐길 수 있다는 것일까? 섬에서 바다를 즐길 수도 있고 키나발루산을 즐길 수도 있잖아. 해산물 역시 빼놓을 수 없는 부분이지. 또한 그랩 카와 그랩 푸드도 잘 갖춰져 있어 불편함이 별로 없었어. 꼭 다시 가고 싶다고 생각해! 다음에는 모스크나 마켓도 가 보고 싶어. 가애는 어떻게 느꼈어?

G: 맞아. 많은 것을 짧은 거리 안에서 다 경험할 수 있어. 신선한 해산물은 쿠알라룸푸르에서 접하기 쉽지 않지. 깨끗하고 맑은 바다에서 스노클링을 즐기면서 쇼핑도 가능하고 맛있는 먹거리도 다양하게 즐길 수 있다는 것이 큰 장점이야. 합리적인 가격의 많은 호텔이 있다는 것도 장점이지. 다양한 색이 파노라마처럼 펼쳐지는 노을은 말할 것도 없고!

즐거웠던 코타키나발루

4. 먹고 마시는 클럽메드

클럽메드에서

G: 카스미, 우리 가족이 가장 좋아하는 말레이시아 여행지가 어딘지 알지?

K: 클럽메드! 가애네 가족들은 도대체 몇 번이나 클럽메드를 갔다 온 거야?

G: 우리는 말레이시아에 온 지 6년째 되었는데 클럽메드만 5번 방문했어. 2020년과 2021년 코로나 기간을 제외하고 매년 방문한 곳

이야. 클럽메드는 전 세계에 있는 리조트 체인인데 한국에는 없거든. 아이들을 위한 키즈 프로그램이 잘되어 있고 모든 식사와 스낵 음료가 포함된 올인클루시브 시스템의 리조트야. 2022년 카스미 가족과도 함께 갔었지.

K: 일본은 홋카이도와 오키나와에 클럽메드가 있어.
우리는 일본에서 클럽메드에 가 본 적이 없어서 가애 가족과 처음으로 말레이시아 Cherating 클럽메드에 갔는데 우리도 클럽메드를 좋아하게 되었어.

G: 나와 준도 클럽메드를 좋아하지만 서린이와 조아가 좋아해서 자주 가게 되는 여행지야. 특히 우리가 사는 데사파크에서 차로 3~4시간이면 갈 수 있고(말레이시아 동해의 콴탄 지역에 위치) 모든 식사와 음료가 제공되니까 특별히 준비할 것 없이 편하게 갈 수 있어. 특히 키즈 프로그램이 아침 식사 후부터 저녁까지 있어서 부모들이 자신만의 시간을 가질 수 있어. 우리 아이들은 단체 활동을 좋아해서 클럽메드를 정말 좋아해.

K: 키즈클럽(미니클럽 - 4세부터 10세)은 오전 8시 30분부터 오후

미니클럽 스케줄

4시 45분까지 운영하는데 프로그램이 빈틈없이 있어서 아이들이 매우 바쁘게 시간을 보내지.

Trapeze

양궁, 수영, 공중그네 등의 수업이 있고, 키즈클럽에서 모두 함께 준비해서 댄스 공연을 하기도 해.

저녁 식사 시간과 잘 때만 부모에게 돌아오기 때문에, 낮 동안은 18세 이상만 출입이 가능한 조용한 수영장에 가서 휴식을 취할 수 있어.

미니클럽

18세 이상만 출입 가능한 Zen Pool

숙소에서 Zen pool 해변으로 가는 트롤리 안에서, 아이들만의 즐거운 시간

클럽메드 식당

G: 맞아. 특히 다양한 국적의 Friendly한 GO(General Organiser)들이 있어서 아이들이 즐거워하지. 시간별로 다양한 활동을 하면서 아이들과 하루 종일 놀아 주니 엄마 입장에서는 최고의 장소야. 2019년에 처음 클럽메드를 방문했을 때는 Chief G.O가 한국인이었어. 그래서 그런지 그때 레스토랑에 한국 코너가 따로 있었던 기억이나. 라면에 김치찌개가 있어서 신기했지. 얼마 전에 가니 한국 코너는 사라졌더라고. 하하.

K: 나는 한식을 좋아하기 때문에 한국 코너가 없어진 것은 매우 유감이야. 일본 코너에는 가락국수와 생선회가 있어서 면을 매우 좋아하는 유마가 기뻐했지. 하하. 뷔페식당도 있고 누들바도 있잖아. 나는 음료를 자유롭게 시킬 수 있는 바가 마음에 들어. :)

G: 맞아. 음료바에서 언제나 다양한 칵테일을 주문할 수 있어서 좋아. 아이들도 놀다가 목이 마르면 스스로 바에 가서 주스를 주문해서 마셨지. 늦잠을 자서 조식 시간을 맞추지 못해도 누들바는 언제든 이용할 수 있어서 좋아. 클럽메드에 있는 음식들이 아침, 점심, 저녁 모두 메뉴가 바뀌기 때문에 질리지 않고 식사를 할 수 있어. 다만 삼시 세끼 계속 배부르게 식사를 하다 보면 3일째가 되는 날은 '이제

그만!'이라는 생각이 들지. 하하. 카스미 가족은 두 번 클럽메드를 방문했잖아. 아이들을 키즈클럽에 보내고 특별한 액티비티를 했었어?

K: 아니, 아무것도 하지 않았어. 하하. 아이들을 키즈클럽에 맡긴 후에는 Zen Pool에서 느긋하게 지냈어. 암벽 등반에 도전하고 싶었지만 운동화를 가지고 가지 않았기 때문에 포기했지. 나는 어차피 고소공포증이 있어서 운동화가 있었다고 해도 도전하지 못했을 것 같아. 다음번에 클럽메드에 가도 똑같을 거야. 마사지 받고 계속 누워서 휴식을 취하는 거지.

클럽메드 해변

G: 나는 Nature Walk에 참여했었어. 가이드와 함께 클럽메드 뒤에 있는 작은 산을 등산하는 프로그램이었어. 여러 명의 사람들과 함께 등산했는데 성격 급한 나와 준은 참지 못하고 빠르게 먼저 등산

하고 내려왔어. 하하. 그 외에 요가, 카약 타기, 양궁, 암벽 등반 프로그램들이 있지만 역시 수영장에 누워서 칵테일을 즐기며 책을 읽는 게 최고야. 물론 아이들 없이! 하하. 그리고 저녁마다 파티가 있잖아. 기억나지?

저녁 파티

K: 물론이지! G.O의 댄스 퍼포먼스나 코미디 쇼 등 가족 모두가 즐길 수 있는 쇼가 매일 밤 있지. 바쁜 G.O들이 도대체 언제 쇼 연습을 하는지 수수께끼야. 한밤중까지 계속되는 댄스파티는 춤을 추지 않는 사람들도 춤추게 만들 정도로 신이 나지! 아이들 댄스 쇼도 빼놓을 수 없어. 가애 가족과 처음 함께 갔을 때 우리 아이들은 의상을 입고 무대 위에서 공연을 했었잖아!

G: G.O들의 에너지는 정말 대단해. 밤새도록 춤을 추고 파티를 하고 다음 날 멀쩡하게 손님들을 응대하는 것을 보면 체력이 엄청난 사람

들만 G.O가 될 수 있겠구나 생각이 들어.

나의 딸들은 키즈클럽에서 하는 댄스 쇼를 정말 좋아해. 낮 동안 아이들은 나이에 따라 그룹을 만들어 춤 연습을 하지. 그리고 저녁 식사 후에 강당에서 댄스 공연을 하는데 노래에 맞춰서 옷을 입고 메이크업도 해서 아이들이 즐겁게 참여하잖아. 조아는 클럽메드에서 배운 춤과 노래로 ISP talent(학교 이벤트) 쇼에 참여하기도 했어.

K: 하루 만에 춤을 외우는 아이들은 대단해. 그리고 머리 모양과 의상까지 제대로 갖춰 아이들을 무대에 서게 해 주는 G.O들도 정말 대단해. 분명히 말을 듣지 않는 장난꾸러기 아이들이 있을 텐데 도대체 어떤 마법을 쓰는지 궁금하다. 하하.

하루의 끝에 아이들에게 상장을 주는 것도 아이들을 행복하게 하지. 아이들의 캐릭터에 따라 '너무 착하다'거나 '너무 친절하다'거나 멋진 상을 줘. 에레나는 'The most active'을 받았었어. (웃음)

The most active상

공연하는 아이들

G: 에레나는 The most active상을 받을 만해! 하하. 클럽메드는 여러 가지 액티비티와 음식, 파티 모든 것이 맘에 드는 곳이지만 단 한 가지 부족한 점이 있다면 룸 컨디션이야. 가격 대비 룸 컨디션이 그다지 아름답지 않아. 룸 안의 모든 것들이 오래되었을 뿐만 아니라 개미들이 많아서 쾌적하지 않지. 방에 머무르는 시간이 많지 않아서 괜찮지만 룸 컨디션을 중요하게 생각하는 사람들에겐 불편할 수 있어.

숙소

K: 방은 잠만 자는 공간이라고 생각하고 가는 것이 좋아. 지난번에 우리 방 욕실에는 큰 도마뱀이 놀러 왔었어. 도마뱀이나 벌레들과 함께 방에서 지내는 자연 속의 공간이야~ 하하. 밤에 댄스파티를 즐기고 방에 돌아와 푹 자는 게 최선일 거야!

G: 맞아. 파티 후에 피곤해서 방으로 돌아와 잠만 잔다면 문제를 못 느낄 거야.
그럼에도 불구하고 Cherating 클럽메드는 우리 가족에겐 여전히 최고의 휴가지야. 아이들이 더 커서 10대가 되면 달라질 수도.... 그전까지는 열심히 다녀야겠어!

Epilogue: 마무리하면서

Kasumi Summary

영어를 잘하지 못했던 나와 가애가 말레이시아에서 만나 함께 보낸 6년간의 생활에 대해 책으로 정리했다. 우리 가족은 2018년 뜻하지

않게 갑자기 말레이시아에 왔다. 그래서 아이들과 불안한 생활이 시작될 것이라고 예상했지만 우려와 달리 매우 즐거운 하루하루를 보내고 있다.

일본에는 "Sumebamiyako"라는 말이 있다. 어떤 곳이든 정들면 그 장소가 고향이라는 뜻인데 말레이시아에 살면서 그 말이 맞다는 걸 실감하고 있다.

일본에서는 제 시간에 전철이 오는 것이나 점원의 고객에 대한 정중한 대응이 당연하다고 생각했는데, 말레이시아에서 살면서 그것이 당연한 것이 아니구나를 깨닫게 된다. 일본에 있었더라면 몰랐을 일본의 좋은 점을 느끼면서 살고 있다. 하지만 또 반대로 다양한 말레이시아에서 경험할 수 있는 것들에 행복함을 느끼고 말레이시아 사람들의 밝은 미소를 보면서 일본인의 차가움도 느끼고 있다.

말레이시아에서 큰 도마뱀을 만나거나(도마뱀 혐오자), 일방통행의 길을 역주행하는 오토바이나 자동차에 깜짝 놀라는 등의 상상을 넘는 사건이 매일 일어나지만, 그것을 견딜 수 있게 된 나의 성장에 감사함을 느낀다. 새로운 세상에서 여러 가지를 극복해 나가고 또 그것을 공유할 수 있는 좋은 친구들을 만난 것이 최고의 행운이었다.

그런데 영어를 못했던 우리가 어떻게 의사소통을 했는지 아마 의아하게 생각하는 사람도 있을 것이다. 하하. 처음에는 "Hello"밖에 말할 수 없었는데, 시간이 갈수록 정신을 차려 보면 카페에서 가애와의 수다는 순식간에 끝나 버릴 정도로 금방 지나가 버린다. 가애의 상냥함도 큰 포인트라고 생각한다. 계속 영어를 배워서 나의 의견을 더 잘 표현하고 싶고, 정보를 함께 공유하면서 서로에게 새로운 것에도 도전하고 싶다.

앞으로 말레이시아나 어떤 나라로 이주를 생각하고 있는 사람들에게 우리 책이 일부 정보로 도움이 되었으면 좋겠다.

Ga-ae summary

말레이시아 공원에서 가족사진

아이들을 학교에 보낸 후 햇빛이 가득 들어오는 집에 들어와서 시원한 커피를 마시는 나의 모습을 그려 보면 여유롭고 행복하다는 생각이 든다. 반복되는 일상 속의 장면이지만 나를 기분 좋게 해 주는 순간이다. 잦은 야외 활동으로 생긴 기미와 예전의 피부색은 찾아 볼 수 없이 갈색으로 자연 태닝된 피부를 보면 가끔 이래도 되나 싶기도 하지만 역시 나는 말레이시아에 오기를 잘했다는 생각이 든다.

어느덧 우리 가족이 말레이시아에 머무른 지 만 6년이 다 되어 가고 있다. 내가 원해서 왔지만 처음 1~2년간 나에게 말레이시아는 항상 뜨겁고 변하지 않는 날씨처럼 지루함과 느림의 나라였다. 자유롭지 않은 언어가 나를 옭아매 스스로를 힘들게 하던 시기도 있었다. 하지만 지금 누군가 나에게 말레이시아가 어떤 나라인지 묻는다면 말레이시아는 여유로움과 관용의 나라라고 말할 것이다. 엄마로서 아내로서 나의 삶을 돌아보고 생각할 수 있는 여유로움을 가질 수 있게 해 주고 나의 완벽하지 않은 언어도 너그럽게 받아들여 주는 관용의 나라 말레이시아!

사실 삶이라는 것이 익숙해지면 어디에 머물러도 새로울 것도 없고 걱정과 불만은 꼬리에 꼬리를 물면서 항상 우리 마음속에 있기 마련이다. 그래서 내 삶의 루틴에서 나를 행복하게 만드는 순간들을 많이 만드는 것이 삶의 질을 향상시키는 방법이라고 생각한다. 그리고 그것을 만들 수 있는 환경에서 살고 있다는 것이 나를 행복하게 만든다.

나를 응원해 준 가족들, 항상 따뜻한 말로 힘을 주는 말레이시아에서 만난 친구들, 우리 가족과 즐거운 식사와 대화를 함께 해 준 사람들이 없었다면 나의 말레이시아의 삶은 외롭고 덧없는 시간이었을 것이다. 특히 6년간 나의 친구로서 함께 경험을 공유하고 즐거운 시간을 같이 보내 준 카스미가 있어서 나의 삶은 더욱 다채로워졌다. 손짓발짓, 구글번역기로 함께 대화하던 우리는 이제 우리의 의사를 좀 더 확실하게 표현할 수 있게 되었다. 앞으로도 계속 함께 말레이시아에서 멋진 경험을 하고 감정을 공유하며 즐거운 생활을 이어 갈 것이라고 믿는다.

카스미 가족과 함께

Special Chapter

1. How to get & top up, where to buy Touch & Go?

G: 처음 말레이시아에 왔을 때 Touch & Go 카드 없이 쇼핑몰에 갔다가 주차를 할 수 없어서 다시 나왔던 기억이 있어. 어떤 쇼핑몰은 차 주차 시에 Touch & Go 카드로만 주차비를 낼 수 있거든. 그때 Touch & Go 카드를 알게 되었고 우리는 테스코(현 Lotus)에서 구입했지.

K: 대부분의 주차장은 현금을 받지 않기 때문에 Touch & Go 카드가 꼭 필요해. Lotus 외에 My news(편의점), Lazada(온라인 숍) 및 주유소 등에서도 구입 가능해. Watsons에서도 판매하는데 멤버 카드와 Touch & Go가 일체로 되어 있어.

Touch & Go card

G: Touch & Go 카드는 모든 고속 도로, 대중교통 그리고 주차할 때 쓰는 카드야. 그렇기 때문에 말레시아 생활 필수템이지. 그리고 많은 가게에서 Touch & Go 앱을 이용해서 결제할 수 있도록 되어 있어서 현금이나 카드 없이 핸드폰만 들고 다녀도 큰 문제가 없어. 물론 Touch & Go 전자 지갑에 돈이 있어야 하지.

K: Touch & Go의 앱은 지정해 놓은 금액을 밑돌면 자동으로 Top-up(충전)되는 설정도 가능해. 나는 돈을 충전해 놓는 것을 자주 잊어버려서 그 기능을 이용해서 사용하고 있어. 주차장과 마찬가지로 현금을 받지 않는 곳이나 신용 카드가 불가한 가게도 있으므로 앱을 다운로드해 두면 편리해!

2. How to get the Smart Tag

Smart Tag

K: Smart Tag는 일본의 ETC와 같은 시스템으로 전용 홀더에 Touch & Go 카드를 넣어 자동차 앞 유리 상단에 부착하여 사용할 수 있어. 고속 도로의 요금소에서는 'Touch & Go', 'Smart TAG', 'My RFID' 또는 '현금과 트럭'의 레인이 있어. Smart Tag가 있으면 창문을 열 필요 없이 부드럽게

요금소를 통과할 수 있지.

G: 우리 가족은 여전히 고속 도로를 지나갈 때 창문을 열고 센서에 Touch & Go 카드를 터치해서 사용하고 있어. 테크놀로지와는 거리가 먼 가족이야. 언젠가는 구매하겠지? 어디에서 구매할 수 있어?

K: Smart Tag의 레인은 요금 부족이나 설치 실수 등으로 게이트가 열리지 않아 앞차가 갑자기 멈추는 경우가 있으므로 앞차와 너무 가까이 가면 안 돼. 하하. Smart Tag는 주유소에서도 구입할 수 있지만 매진되는 경우가 자주 있어. Lazada나 Shopee에서도 130링깃 정도에 구입할 수 있으니 참고!

3. How to get the local driver license?

G: 우리 가족은 아직 국제 운전면허증으로 차를 운전하고 있어. 1년에 한 번씩 한국에 방문해서 국제 운전면허증을 발급받아서 사용하고 있지. 하지만 말레이시아에서 현지 면허증을 받을 수 있는 방법이 있어. 여권과 비자를 가지고 서류를 준비해서 한국 대사관과 JPJ에 방문해서 현지 운전면허증을 발급받을 수 있다고 해.

K: 우리 가족도 일본에서 매년 국제 면허증을 발급받고 있어. 하지만 매년 같은 시기에 일본을 방문할 수 있는 것이 아니기 때문에 1년 이상 체류한다면 로컬 면허증으로 전환해야 한다고 생각하면서 아직 못하고 있지.

1. 필요 서류(대사관용 서류, 여권 원본, 비자 원본, 한국 면허증 원본, 사진 등) 준비
2. 주말레이시아 대사관 신청 → 수령
3. 필요 서류를 가지고 JPJ 방문, 신청(복장 주의 - 조리나 민소매를 입으면 안 됨)
4. 승인 대기(1개월에서 수개월)
5. JPJ 방문, 면허증 수령 → 결제
6. 면허증 득템!

4. How to get Kimchi?

일반 마트에서 쉽게 볼 수 있는 김치, Fresh Kimchi

G: 말레이시아에서는 다양한 김치를 찾아 볼 수 있어. 한인 마트는 물론이고 Aeon이나 Village grocer의 한국 코너에서도 쉽게 만날 수 있지. 다양한 브랜드의 김치가 있기 때문에 입맛에 맞게 고르면 돼. 겉절이, 배추김치, 열무김치, 오이김치 등등 없는 것이 없어.

K: 여러 가게에서 김치를 볼 수 있지만 맛있는 김치를 만나기는 어려워. 나는 신선한 샐러드 같은 겉절이를 좋아해!

G: 맞아. 대부분의 마트에 있는 김치는 신김치가 대부분이야. 만든지 오래되어서 너무 숙성이 많이 되었지. 우리 가족도 겉절이 김치를 좋아하는데 일반 마트에서는 찾을 수가 없어서 꼭 한국 마트에 가서 구매를 해.

* 우리 가족의 베스트 김치: 우아한 밥상, 할매김치

5. How to get the Japanese, Korean rice?

K: 나는 일본 쌀을 슈퍼마켓에서 사거나, Hachi(일본 빵집)에서 배달시키곤 해. 일본인이 많이 사는 몽키아라에서는 슈퍼마켓에서도 일본 쌀을 팔고 있고, 일본 대사관 매점에서도 구입할 수 있어.

supermarket 쌀

G: 한국 쌀은 대부분의 한인 마트에서 구입할 수 있어. 하지만 나는 거의 Village grocer에서 칼로스 품종의 쌀을 구입해. 칼로스 쌀이나 자포이카 쌀을 구입하면 한국에서 먹던 쌀과 비슷한 맛을 느낄 수 있어.

6. How to find Japanese or Korean books?

Kinokuniya

K: 일본의 책은 KLCC에 있는 Kinokuniya에서 구입할 수 있어. 일본에서 구입하는 것보다 조금 가격은 비싸지만 다양한 장르가 갖추어져 있어. 일본인 학교에서 지정된 문구 등도 구입할 수 있어. 물론 영어나 말레이 책도 갖추어져 있지. 온라인 구매도 가능해.

G: Kinokuniya는 요즘 인기가 많은 서점이잖아. 나도 가끔 아이들 수학 학습지를 사러 가곤 해. 일본 책을 구입할 수 있는 일본 서점이 있다니 부러워. 안타깝게도 말레이시아에 한국 서점은 없거든. 한국 책을 읽고 싶으면 한국에서 주문한 후에 배송을 받아야 해. 아니면 E-book을 이용하거나 한국 커뮤니티에 가끔 올라오는 중고 책을 구매하는 수밖에 없어.

7. Malaysian cinema

놀이터가 있는 영화관

G: 말레이시아 영화관에 꼭 한번 가 보는 것을 추천해. 지점에 따라 다르겠지만 시설도 좋고 가격이 저렴하거든. 말레이시아의 대표적인 영화관은 GSC와 TGV가 있어. 대부분의 큰 쇼핑몰에서 찾아 볼 수 있지. 티켓 가격은 일반 영화관인 경우 14링깃(4,200원)이고 4D 영화관은 30링깃(9,000원) 정도야. 한국의 영화 티켓이 14,000원인 것과 비교했을 때 가 볼 가치가 있겠지?

K: 한국이나 일본에 비하면 가격이 매우 싸고, 붐비지 않아서 좋아. 하지만 영화관은 냉동고처럼 매우 춥기 때문에 겉옷을 꼭 가지고 가야만 해.

8. How to use the gas station?

K: 나는 말레이시아에 와서 처음으로 스스로 기름을 넣어 봤어. 일본에서는 주유소 직원이 주유를 해 주고 무료로 창문도 닦아 주거든. 말레이시아에서는 기계에 카드를 터치(또는 PIN 코드 입력)하고 급유하면 돼. 현금 결제는 어떻게 하는지 알아?

G: 주유를 현금으로 하려면 주유소 안에 있는 편의점에 가서 2번 기계에 50링깃을 넣어 달라고 얘기하여 50링깃을 낸 후 주유를 할 수 있어. 그리고 한국과는 달리 말레이시아는 어느 주유소를 가든지 편의점이나 카페(Tea Live, Starbucks, Costa Coffee, Dunkin Donuts 등등)가 있어.

9. How to get the pork?

G: 말레이시아는 무슬림 국가이지만 돼지고기를 구하는 방법이 많이 있어. 앞에서도 얘기했지만 마트의 Non-Halal 구역에서 돼지고기를 구매할 수 있고 일부 한국 마트에서는 정육을 해서 판매하기도 해. 우리는 데사파크 근처 Kepong의 중국 마트(Xiang Rong Fresh Meat) 안에 있는 정육점에서 구매하거나 몽키아라의 한국인 사장님이 운영하는 고기쟁이(Meatman)로 가서 구매하곤 해.

고기쟁이에서 자주 사 먹는 갈빗살, 슬라이스 포크벨리

K: 우리 가족도 역시 플라자 몽키아라에 있는 Meatman에서 대량 구매를 하곤 해. 1회에 사용할 양을 팩으로 소분해 주기 때문에 아주 편리해. 냉동실에 두고 필요할 때마다 꺼내서 쓰고 있어.

말레이시아에 처음 왔을 때 돼지고기 계산대가 따로 있는 줄 모르고 일반 계산대로 가져간 적이 있어. 계산대에 있던 무슬림 점원은 돼지고기를 만질 수 없어서 중국인 직원이 대응해 주었지. 너무 무례한 짓을 해 버렸어!

* 돼지고기 구매 장소
- Wet market TTDI
- Meatman
- Xiang Rong Fresh Meat

10. Animal clinic

 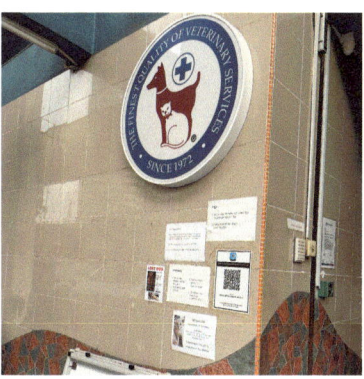 

G: 반려동물이 있다면 걱정하는 부분이 동물병원일 거야. 우리 집 강아지는 12살인데 중성화 수술과 암수술을 말레이시아에서 받았어. 큰 수술이라서 24시간 응급, 중환자 시설을 갖춘 AMC(Animal Medical Centre)에서 수술을 받았었지. 수술은 잘 끝났고 큰 문제 없이 진행되었어.

K: AMC는 의료 서비스뿐 아니라 펫 숍(기능성 케어 푸드 구매 가능), 그루밍, 숙박 서비스도 있어.
데사파크에서 가까운 Clinic은 C&D Veterinary Clinic이나 Leow Veterinary Clinic and Surgery가 있어. 나는 증상이 심각하지 않을 때는 C&D를 이용해. 예약이 가능해서 대기 시간이 적고 세심한 대응도 마음에 들어.

G: 우리 집 강아지는 더운 날씨 때문에 피부병이 있는데 그럴 때는 TTDI에 있는 TTDI Veterinary Clinic에 가서 치료를 하고 연고를 받아 오지.

* 동물병원 List
- AMC(Animal Medical Centre)
- Leow Veterinary Clinic and Surgery
- C&D Veterinary Clinic
- TTDI Veterinary Clinic

11. Where is the hospital that can speak Korean and Japanese?

K: 데사파크의 Medical Center에는 일본어, 한국어, 중국어를 구사하는 코디네이터가 있어. 한 명이 세 가지 언어를 모두 하기 때문에 만약 통역이 필요하다면 사전에 그분의 시간을 확인하는 것이 좋아. 예약되지 않은 응급 외래의 경우는 통역자가 오지 못하는 경우가 많거든. 몽키아라의 Nozomi Clinic이나 Hibari Clinic에는 항상 몇 명의 일본어 번역가가 있어. 판타이 병원도 번역자가 있어서 일본인들이 많이 이용하고 있지.

G: 맞아. Desa park medical center에 한국어와 일본어 그리고 중국어가 모두 가능한 코디네이터가 있다고 들었어. 암팡에 위치한 글랜이글스 병원에도 한국어 가능한 코디네이터 분이 있지.

* Park City Medical Center
전화번호(대표): 03-5639-1212
국제환자센터: +6-03-6279-3008/+6-012-252-2860

12. How to call the ambulance?

K: '999'으로 전화를 걸면 돼! 경찰, 소방차, 구급차 모두 같은 번호야. 999에 전화를 해서 구급차를 부르면 국공립 병원으로 이송되는데, 설령 구급차로 이송되더라도 처치에 시간이 걸릴 수 있다는 점을 명심해야 해! 나의 남편이 어깨가 탈골되어 응급차를 불렀는데 국공립 병원으로 이송되었고 설비가 갖춰지지 않은 곳에서 2~3시간 동안 기다렸었어.

* 원하는 병원으로 이송을 받고 싶은 경우는 아래의 번호입니다.
Falck First Ambulance: 03-7785-1919/1300-881919
Lifeline Ambulance: 03-7956-9999

* 긴급 시 도움이 되는 말레이어
도와줘: 트롱(Tolong)
구급차: 앰뷸런(Ambulan)
경찰: 폴리스(Polis)
화재: 아피(Api)

13. Which Visa can we get in Malaysia?

G: 우리 가족은 2018년에 MM2H 비자를 가지고 말레이시아에 왔어. MM2H(Malaysia Second Home) 비자는 10년 거주 비자야. 코로나 이후로 MM2H를 받을 수 있는 기준이 달라졌어. 2018년도에 우리 가족이 등록할 때는 예치금이 30만 링깃이었는데 현재는 등급별로 기준이 달라진다고 들었어. 예치금 액수가 올라갔고 집을 필수로 구매해야 해.

K: 나의 남편은 워킹 비자(취업 비자)를 가지고 있고 나와 아이들은 회사에서 내어 준 디펜던스 비자를 가지고 있어. 말레이시아에 1년 이상 체재 목적의 경우는 학생 비자+보호자 비자(자녀가 몇 명 있다고 해도 보호자 비자는 1명만 등의 조건 있음), 일을 원격으로 계속하면서 이주할 수 있는 디지털 노마드 비자(체재 기간 최장 2년간, 조건 있음), 10년간의 체재권+일로 소득을 얻을 수 있는 레지던스 패스(말레이시아에서 3년 이상의 취업 경험과 기본 월급 15,000링깃 이상 등 조건 있음), 말레이시아인과 결혼했을 경우의 배우자 비자 등이 있어.

14. Drinking water

K: 말레이시아의 수돗물은 생활용수로는 문제가 없으나 투명도가 높지 않고, 특히 단수 후나 공사 후에는 녹이 섞인 듯한 갈색이나 노란 물이 나올 때가 많아. 식수를 구하는 방법은 물을 구입하기 (Spritzer 사이트에서 주문 배송 가능), 수돗물에 직접 정수기 달기 (마트에서 간이 정수 시스템 제품을 판다), 정수기 서비스 신청하기의 방법이 있지. 나는 Coway의 정수기를 샀는데 물의 온도 조절이 가능해서 편리해. 두 달에 한 번씩 필터 교체와 청소, 유지 보수 서비스도 받을 수 있어.

간이 정수 시스템, Coway

* 수도 직결 워터서버: Coway, Crystalwater, Cuckoo

G: 우리 가족은 한국에서 물을 주문해서 사 먹던 것이 버릇이 되어 말레이시아에 와서도 Spritzer 웹사이트를 통해 한 달에 한 번씩 물을 주문해서 마셨어. 대략 한 달에 200링깃 정도의 돈을 물을 사는데 썼었지. 그런데 이번에 카스미의 말을 듣고 Cuckoo 정수기를 렌탈하기 시작했는데 매우 만족하고 있어. 물을 사 먹는 것에 비해 비용도 반으로 줄었고 무엇보다 차가운 물이 나오니 아이들이 물을 많이 마시게 되어 좋아.

15. Parking

K: 말레이시아에는 현금을 받지 않는 주차장이 많아. 주차장에 따라 다르지만 입차 시 Touch & Go나 신용 카드를 기계에 터치하고 출차 시 주차장 출구 정산기에서 카드를 터치하면 정산이 되지. 주차권을 발행하는 주차장의 경우는 출차 전에 정산기에 가서 지불한 후에 나올 수 있어. 주차비는 일본이나 한국에 비해 매우 저렴한 편이야 (3~10링깃, 발레파킹은 1시간에 15링깃 이상) 도쿄는 1시간에 20링깃 이상, 가장 비싼 긴자의 코인파킹은 10분 정도에 16링깃 하기 때문에 말레이시아의 주차 요금은 파격적이지.

G: 확실히 말레이시아는 주차 요금이 저렴하지. 그리고 건물 안이 아니라 도로 양옆 주차 공간에 주차할 경우에는 Touch & Go Ewallet

이나 EZ Smart Park 앱을 통해서 주차비를 내야 해. 그런 곳에는 따로 주차비를 내는 기계가 없거나 기계가 고장 나 있기 때문에 꼭 앱을 설치하는 것을 추천해.

K: 대형 쇼핑몰의 주차장은 매우 넓기 때문에 어디에 주차했는지 잘 기억해 두어야 해(사진 찍어 놓기 필수). 나는 자주 가는 장소라도 평소와 다른 곳에 주차를 하면 미아가 되곤 해. 그리고 주차장에는 꼭 세차 서비스를 받는 곳이 있어서 차를 맡기고 쇼핑을 하면 좋아! (1시간에 45링깃, 저렴한 곳은 20링깃 정도)

주차장 세차

16. Useful App(Food delivery)

K: 일본에는 우버이츠가 있는데 말레이시아에도 몇 가지 음식 배달 앱이 있어. 배달 요금이 싸고 앱으로 간단하게 주문할 수 있어 매우 편리해!

G: 한국에는 배달의민족, 요기요 등 다양한 음식 배달 앱이 있어. 한국은 배달 음식의 강국이야. 하지만 말레이시아에서도 큰 불편함 없이 앱으로 음식 배달을 받을 수 있지.

Grab food

* 음식 배달 앱
Grab food: 배달 속도가 빠르고 배달 가능한 종류가 다양해. 푸드는 물론 슈퍼마켓, 약국, 꽃집, 펫 숍 상품 등도 주문 가능! 대표적인 음식 배달 앱.
Food Panda: 동남아시아를 중심으로 세계로 뻗어 나가고 있는 음식 배달 서비스! 지불 방법이 다양해.
분홍색 판다 마크의 케이스를 달고 있는 오토바이를 자주 거리에서 볼 수 있어.
Beepit: 앱도 있지만 홈페이지에서도 주문 가능해. 단점은 드라이버 수배에 시간이 많이 걸리고 취소도 많이 돼! 하지만 많은 일본, 한국 레스토랑이 Beepit과 제휴하고 있어.
Dahmakan: 푸드판다 임원들이 시작한 스타트업 브랜드야. 공유 주방을 이용해 자사에서 조리, 배달, 지불을 실시하고 있는 것이 특징. 질 좋은 재료를 사용하여 셰프가 만드는 요리는 맛있다고 소문이 나 있지만, 쿠알라룸푸르 근교까지만 배달 가능.

17. Useful App(Car hailing – 카카오택시처럼 앱으로 차량을 부르는 방식)

1. Grab: 예약 시 픽업 차량의 종류가 다양하여 선택 가능.
4~5km 거리로 5링깃 전후(시간대나 혼잡도에 따라 가격이 달라집니다).

2. Airasia Ride: 픽업 시간 예약 가능, 가격이 Grab보다 저렴하다.

3. inDrive: 앱에서 가격 흥정 가능, 하지만 불법 영업 중이기 때문에 문제가 생길 수 있다.